破局企业增量密码

曾 琦　陈贤亭　著

电子工业出版社
Publishing House of Electronics Industry
北京·BEIJING

内容简介

作者认为，企业增长＝文化力 × 战略力 × 策略力 × 执行力。本书讲述了实现企业增长的 ITA 理念，即 Increment Target Achievement，指战略目标高效达成体系，包含文化生态、战略制定、高效执行、人效激发这四大层次。文化生态层包含使命、愿景、战略定位、价值观、企业文化落地；战略制定层包含：理解战略大象、找到战略机会点、增长飞轮与商业地图、制定1～3年战略目标；高效执行层包含目标制定、过程管理、团队管理、结果管理；人效激发层包含对企业游戏化管理的详细实操介绍。每个层次都会给出相应的实践方案，并设置了相应的通关作业，帮助企业核心管理层提升战略目标管理效率，实现企业增量。

未经许可，不得以任何方式复制或抄袭本书之部分或全部内容。
版权所有，侵权必究。

图书在版编目（CIP）数据

破局企业增量密码 / 曾琦，陈贤亭著 . —北京：电子工业出版社，2024.1
ISBN 978-7-121-46796-7

Ⅰ.①破… Ⅱ.①曾…②陈… Ⅲ.①企业管理 Ⅳ.① F272

中国国家版本馆 CIP 数据核字（2023）第 228417 号

责任编辑：刘小琳　　　　文字编辑：牛嘉斐
印　　刷：天津千鹤文化传播有限公司
装　　订：天津千鹤文化传播有限公司
出版发行：电子工业出版社
　　　　　北京市海淀区万寿路 173 信箱　邮编：100036
开　　本：720×1000　1/16　印张：22.25　字数：354 千字　插页：8
版　　次：2024 年 1 月第 1 版
印　　次：2025 年 6 月第 4 次印刷
定　　价：129.00 元

凡所购买电子工业出版社图书有缺损问题，请向购买书店调换。若书店售缺，请与本社发行部联系，联系及邮购电话：(010) 88254888，88258888。

质量投诉请发邮件至 zlts@phei.com.cn，盗版侵权举报请发邮件至 dbqq@phei.com.cn。

本书咨询联系方式：liuxl@phei.com.cn;(010)88254538。

战略目标高效达成体系

企业增长 = 文化力 × 战略力 × 策略力 × 执行力

序言

> 天地虽大,但有一念向善,心存良知,虽凡夫俗子,皆可为圣贤。
>
> ——王阳明

当今社会,最重要的两个细胞是家庭和公司。我们要实现美好、富足的社会梦想,就需要做到让大多数家庭幸福、让大多数公司卓越。如何做到呢?

秘密就在家庭和公司交集的人群里。如果这些人在公司是追求卓越的优秀员工,那么其卓越的能力就是家庭幸福的保障和基础。如果这样的人越来越多,就可以让更多的家庭幸福,最终让社会更美好。

所以,关键在于如何让这些人更卓越?这些年,我们的企业实践经验告诉我,一切都在于"借事修人"。

什么是"借事修人"呢?就是把有挑战、有质量的事做成,在成事的过程中完成人的蜕变和成长。

对公司而言,就是成就美好、卓越公司的同时,也成就一批卓越、优秀的个人。通过这种方式,公司与员工实现共赢共生。

如何成就卓越的公司?公司的持续成功来自优秀的战略能力和优秀的组织能力。

那优秀的战略和组织能力底层又是什么呢?我们一层层分解,

发现是文化决定了企业的一切。

例如,讨巧文化,让企业擅于抓住各种短期机会,让企业投机;在用人方面,不重视人才培养,而倾向于选择有成熟经验的人才,不行就换。工匠文化,让企业特别重视品质,重视产品,重视人才质量,重视口碑与品牌等。效率文化,让企业重视流程,重视标准,重视信息化等。人本文化,让企业重视人的价值,管理风格讲究自驱、自进化……

基于此,我们可以定义:企业增长 = 文化力 × 战略力 × 组织力。

那么,什么是组织力呢?

组织力是人的意愿、人的能力及对人的管理体系等。如果我们回到组织力的本质目标来思考,就可以看到另一个维度的逻辑:提升组织力,其实是为了实现战略目标。通过对大量目标的分析,我们发现达成目标需要的关键能力就是策略力和执行力,我们把组织力也可以抽象为策略力 × 执行力。

于是,就形成了我们的战略目标高效达成体系,即

企业增长 = 文化力 × 战略力 × 策略力 × 执行力

我们想通过不断提升企业的文化力、战略力、策略力和执行力,打造有长期增量的优秀企业,进而淬炼出一批又一批优秀的人才。这些人才的能力,其实就是家庭幸福的根基,也是社会富足的基础。

期待我们的努力能够帮助大家打造更好的公司、成就更好的自己。

陈贤亭

增量科技创始人

增量科技,通过挖掘商业规律,传播商业增长智慧,提供促进企业目标达成与能力成长的科学管理体系和管理软件,帮助企业创造可持续发展的增量,成就美好企业,成就卓越个人。我们期待与您交流:

1. 欢迎对本书信息提交勘误建议,或者您对内容有任何疑问,欢迎与我们联系。作者邮箱:monica@crebest.com。

2. 欢迎加入"跨境电商 CEO/ 高管管理交流群",与作者和其他读者共同交流。

3. 本书提到的大部分管理理念和工具、模型等,在增量 ITA 目标管理系统上均有呈现,以信息化、智能化的方式帮助企业进行管理提效。

增量科技公众号　　增量科技视频号

目录

第一部分　ITA 增量管理全景图

一个成功的企业管理系统，能够实现个体目标和系统总目标的一致性，也就是说每个员工的目标和公司目标是一致的，每个部门、每个业务板块的目标也是服务于企业的整体战略目标的。既有自上而下的战略远见和坚决执行，也有自下而上的优化修正和开放创新；既有公司长期价值的持续增量，也能激发每个员工获得物质和精神上的成长——这正是 ITA 增量管理的核心理念。

ITA，即 Increment Target Achievement，指战略目标高效达成体系，包含文化生态、战略制定、高效执行、人效激发这四大层次。我们认为，企业增长 = 文化力 × 战略力 × 策略力 × 执行力。ITA 增量管理是一个系统工程，不是碎片化、拼盘式的综合体。

第二部分　卓越企业的 15 阶增量之旅

在本书的第二部分会以游戏化的方式展开，设置了文化生态层、战略制定层、高效执行层、人效激发层 4 章，共 15 关。每关都设置了理论、案例实操和相应的"通关作业"，希望各位领导者可以升级打怪，顺利通关。

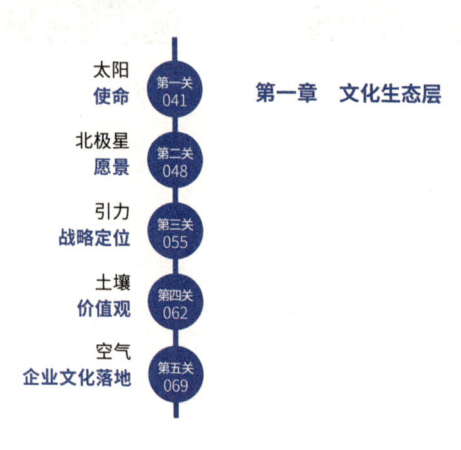

第一章　文化生态层

- 太阳　使命　第一关　041
- 北极星　愿景　第二关　048
- 引力　战略定位　第三关　055
- 土壤　价值观　第四关　062
- 空气　企业文化落地　第五关　069

内核
理解战略大象　　第六关　　第二章　战略制定层
　　　　　　　　108

洞察
找到战略机会点　第七关
　　　　　　　　143

顶层设计
增长飞轮与商业地图　第八关
　　　　　　　　　　152

穿越者
制定 1~3 年战略目标　第九关
　　　　　　　　　　172

射击
目标制定　　第十关　　第三章　高效执行层
　　　　　　211

问题一：目标的开始，需要一名怎样的"将军"？
问题二：如何解码目标，让目标拥有一套可实现的路径？
问题三：如何双向对齐与分解目标？
问题四：如何确定目标的关键指标？
问题五：目标的资源匹配是否合理？

配速机制
过程管理　　第十一关
　　　　　　229

问题六：如何把控好目标进度，及时纠偏？
问题七：如何快速有效决策？
问题八：如何解决跨部门跨团队的协同问题？
问题九：如何有效复盘？

借事修人
团队管理　　第十二关
　　　　　　254

问题十：能打胜仗的团队要具备什么能力？
问题十一：如何在做事的过程中培养团队能力？
问题十二：如何成为一名优秀的教练？

以终为始
结果管理　　第十三关
　　　　　　276

问题十三：结果管理管什么？

人性
激发的起点　　第十四关　　第四章　人效激发层
　　　　　　　290

激发
企业管理游戏化设计　第十五关
　　　　　　　　　　310

目录　IX

案例目录

【案例1】拆解 SHEIN 的使命：人人尽享时尚之美 ………………… 046
【案例2】拆解阿里巴巴的愿景 …………………………………………… 051
【案例3】使命、愿景如何进行层层拆解？ ……………………………… 053
【案例4】优秀企业的战略定位选择 ……………………………………… 058
【案例5】如何打造具有超强战斗力的企业文化：字节跳动的
       "字节范儿" ………………………………………………………… 066
【案例6】增量企业文化环：找到引发共鸣的方式 …………………… 075
【案例7】企业文化落地：共登元鼎山 …………………………………… 081
【案例8】SHEIN 的商业模式画布 ………………………………………… 165
【案例9】星锐实业有限公司的三年战略目标图 ……………………… 180
【案例10】正确判断目标与现实之间的差距，是制定一个好
        目标的前提 ………………………………………………………… 217
【案例11】你会"要资源"吗？ ……………………………………………… 226
【案例12】为了更好地协同，你还可以这样提问 ……………………… 242
【案例13】分析星锐实业有限公司某员工的五力雷达图 ……………… 258
【案例14】让物质激励有价值 ……………………………………………… 293
【案例15】运用好保健因素和激励因素 …………………………………… 294
【案例16】全美国规模最大的综合性医院——梅奥医院、日本著名
        动画公司——宫崎骏的吉卜力公司都是固薪制，能有效
        地激励员工吗？ ………………………………………………… 296
【案例17】你真的读懂了团队的五个层次需求吗？ …………………… 302
【案例18】如何把大奖发出去？ …………………………………………… 305
【案例19】盛大公司的游戏化管理失败案例 …………………………… 321
  场景一：超级战队 PK 赛——你追我赶冲刺目标，能者帮扶弱者，
         壮大金字塔塔尖和腰部的业绩人才 ………………………… 327
  场景二：新人梦想创造营——成长之旅帮助新人快速胜任，
         提升优秀人才的留存率 ……………………………………… 329

场景三：主本与副本——企业降成本、提人效的撒手锏 …………331
场景四：职级修炼通道——从青铜到王者，"打怪升级"
　　　　开启大神之路 ………………………………………… 333
场景五：最强法师名录——让优秀经验在企业内自由流转 ………… 334
场景六：我的家园——无限游戏，让企业文化深入人心 …………335

图目录

图 1-1 文化类型 ································· 032
图 1-2 文化周期 ································· 032
图 1-3 文化萌芽 ································· 033
图 1-4 文化飞轮 ································· 035
图 1-5 企业文化生态图 ··························· 039
图 1-6 跨境电商企业战略调研 ····················· 043
图 1-7 使命"三要素" ····························· 044
图 1-8 愿景"三要素" ····························· 049
图 1-9 验证企业愿景的五个问题 ··················· 050
图 1-10 阿里巴巴使命愿景拆解法 ·················· 052
图 1-11 战略定位下沉 ···························· 057
图 1-12 战略定位"435"法 ························ 058
图 1-13 价值观"三要素" ·························· 063
图 1-14 企业文化落地"六部曲" ···················· 071
图 1-15 春节的仪式感 ···························· 073
图 1-16 企业文化环 ······························ 075
图 1-17 "故事五要素"模型 ······················· 077
图 1-18 "英雄之旅"模型 ························· 078
图 1-19 共登元鼎山 ······························ 083
图 2-1 建立战略思维 ····························· 109
图 2-2 建立经济思维 ····························· 111
图 2-3 活着和发展 ······························· 115
图 2-4 "道、天、地、将、法"战略模型 ············ 116
图 2-5 "战争论"军事战略模型 ···················· 121
图 2-6 CEO 的战略思考全貌 ······················ 127
图 2-7 CEO 的多元思维 ·························· 129

XII 破局企业增量密码

图 2-8　跨境电商卖家的长短链经营地图 …… 131
图 2-9　需警惕的五个思维陷阱 …… 133
图 2-10　企业 0-1-N 发展历程 …… 134
图 2-11　第一曲线和第二曲线 …… 135
图 2-12　开启新业务"10 问" …… 136
图 2-13　企业收缩四大陷阱 …… 137
图 2-14　人才误区 …… 138
图 2-15　好人才筛选法 …… 139
图 2-16　战略目标制定流程 …… 142
图 2-17　战略检视视角 …… 145
图 2-18　战略检视维度 …… 145
图 2-19　战略机会点 …… 150
图 2-20　从战略机会点到企业顶层设计 …… 153
图 2-21　亚马逊增长飞轮 …… 154
图 2-22　增长飞轮七步法 …… 155
图 2-23　跨境电商卖家企业增长飞轮 …… 158
图 2-24　压强原则 …… 160
图 2-25　企业增长阻力与支撑力 …… 161
图 2-26　商业模式画布 …… 163
图 2-27　商业模式画布自省视角 …… 165
图 2-28　企业战略管理的不同层次 …… 173
图 2-29　三年战略目标路径图 …… 177
图 2-30　两手抓战略模型 …… 178
图 2-31　跨境电商业务增长要素和长期价值要素举例 …… 179
图 2-32　年度目标路径图 …… 181
图 2-33　六大年度战略目标路径图 …… 185
图 2-34　从公司到个人目标路径图 …… 187
图 2-35　OTP 目标解码模型 …… 189
图 2-36　策略组合 …… 192
图 2-37　战略制定及解码路径全流程图 …… 195
图 3-1　目标的本质 …… 206
图 3-2　目标管理闭环图 …… 207
图 3-3　战略目标的拆解和完成 …… 209
图 3-4　目标—能力—意愿三螺旋增长图 …… 210

图 3-5	目标制定——OTPK 流程	212
图 3-6	战略目标第一负责人——高管模型	213
图 3-7	管理者的成长模型图	215
图 3-8	"5Why"分析法	217
图 3-9	"TSTRC"压强计划工具	217
图 3-10	OTP 目标制定及解码模型	219
图 3-11	时间管理"四象限法则"	219
图 3-12	目标向下对齐七步法	221
图 3-13	5W2H 模型	222
图 3-14	从 1~3 年战略中拆解出关键指标	223
图 3-15	OCK 模型	223
图 3-16	目标过程管理的四个核心要素	230
图 3-17	目标纠偏"三板斧"	231
图 3-18	ITA 目标过程管理流程	232
图 3-19	99-50-1 项目节点控制模型	232
图 3-20	四场目标进度管理会	233
图 3-21	决策能力圈	236
图 3-22	单向门和双向门决策模型	238
图 3-23	组织与目标的力作用图	241
图 3-24	火箭协同模型	241
图 3-25	团队共识的四种状态	243
图 3-26	乔哈里视窗	246
图 3-27	PDCA	248
图 3-28	PDCA 的阶梯式进步	249
图 3-29	AAR 复盘模型	250
图 3-30	PDF 环复盘模型	251
图 3-31	团队管理三要素	255
图 3-32	TPERC 五力模型	256
图 3-33	某员工的五力雷达图	258
图 3-34	T-IPO 成长模型	259
图 3-35	"借事修人"模型	262
图 3-36	3+1 团队点评模型	263
图 3-37	"三个三"激发式绩效模型	264
图 3-38	GROW 模型	266

图 3-39	FFA 倾听模型	268
图 3-40	奈飞 275 反馈模型	270
图 3-41	正反馈环	271
图 3-42	负反馈环	272
图 3-43	结果管理的三维度和三视角	277
图 3-44	人才价值观图	278
图 3-45	团队能力模型图	278
图 3-46	"业绩—价值观"人才分布图	279
图 3-47	ITA 目标管理 18 关	281
图 4-1	管理者和员工的需求与动机	291
图 4-2	马斯洛需求理论模型	292
图 4-3	双因素理论模型	294
图 4-4	物质激励考虑要素	295
图 4-5	激发双轮	301
图 4-6	期望理论激励模型	304
图 4-7	X-Y 理论激励模型	306
图 4-8	游戏化管理模型	312
图 4-9	进入"心流"的六个关键要素	313
图 4-10	游戏化八角模型	314
图 4-11	PBL 模型中的三大元素应用	315
图 4-12	游戏化八角模型应用于员工的激励模型	319
图 4-13	五类企业游戏	324

图目录　XV

表目录

表 1-1	撰写使命"5W"法	045
表 1-2	撰写愿景"五维思考法"	050
表 1-3	企业价值观共创流程	064
表 1-4	价值观落地设计及考核	065
表 1-5	企业文化面试题举例	080
表 1-6	元鼎的人才战略	083
表 2-1	各企业 2016—2021 年营业收入增速情况（根据公开信息整理）	112
表 2-2	十大战略管理学派	123
表 2-3	诊脉外部环境：识别外部机会与威胁	147
表 2-4	诊脉内部能力，识别企业关键经营能力	149
表 2-5	"看客户"表格	155
表 2-6	用户需求与价值主张	156
表 2-7	企业发展战略	174
表 2-8	业务层竞争战略	176
表 2-9	三年战略目标表	179
表 2-10	星锐实业有限公司的三年战略目标表	180
表 2-11	SWOT 分析工具表	182
表 2-12	SWOT 填写要点	183
表 2-13	六大年度战略目标表	186
表 2-14	六大年度战略目标行动地图（OTP）	187
表 2-15	"战略—策略"案例	190
表 2-16	公司一级部门目标及年度考核指标（POI）	193
表 3-1	101010 决策模型	239
表 3-2	加权打分决策模型	240
表 3-3	团队共识表	244

表 3-4	团队共识度评估表	245
表 3-5	胜仗团队 TPERC 五力判断标准	257
表 3-6	IDP 成长计划	274
表 4-1	团队社交程度评估	298
表 4-2	团队团结程度评估	299
表 4-3	马斯洛需求理论模型在团队管理中的应用案例	303

第一部分
ITA 增量管理全景图

ITA，即 Increment Target Achievement，指战略目标高效达成体系。

在跌宕起伏的跨境大潮中,萌猫科技是跨境电商行业的老兵了,团队有600多人,人民币10亿元的营收规模,在跨境电商圈也是响当当的存在。为了加快企业发展,萌猫科技在2021年的大好行情里,乘势进行了外部融资,继续扩充团队和品类。但好景不长,在快速扩张的过程中,问题也随之而来,首先暴露的是公司的主营产品越来越不好卖了,销量和利润持续下滑。于是,CEO采取了一系列的拯救措施:

(1)大量招聘销售人员,改进销售团队的激励机制,制订了诱人的提成计划;建立营销矩阵,加大广告投入。但因遭遇到强劲的同行竞争,产品的更新迭代速度也慢于市场速度,很多功能点已无法满足用户的需求。虽然大量的广告带来了短暂的增长,但仍是昙花一现,销售团队的士气较为低迷。

(2)既然问题出在产品,CEO在战略上也同步做了规划:一是迭代老品,开发新品,强健产品梯队。但或是产品方向错误,或是团队能力有限,产品一直难以突破瓶颈。二是强势的CEO不顾合伙人反对,把大量资金投入到还未经过可行性验证的产品上。三是在是否砍掉铺货[①]业务的问题上,合伙人团队产生了分歧,拖而未决。

(3)以上计划跑了大半年,经营情况并无好转。相反,出现

---

① 铺货:跨境电商卖家运营的SKU为1000~10000个,通常被认为是"精铺型卖家";SKU大于10000个通常被认为是"泛铺型卖家"。铺货卖家非常依赖规模效应,需要大量的销售人员、平台账号在全球各跨境电商平台进行海量铺货,客单价较低、人员效率较低。

了滞销库存高企、现金流紧张的情况。CEO认为肯定是高管不给力，于是筹谋着团队大换血。在一年时间内，产品负责人、销售负责人、信息化中心、HR等各核心岗位轮番空降了几波具有大厂背景的高管。新高管到来的第一件事，就是推翻前任的路线，新官不理旧账，开始一套新机制。两年时间内，在几个核心部门内，一直重复着"新高管建流程—推翻—下一任新高管建流程—再推翻"的破碎状态。

（4）新高管带来了新团队，老团队的人员不管是主动的还是被动的，都纷纷离职。组织架构也在快速调整重组中，一年内某一员工隶属过四个团队。

（5）由于平台政策和企业不合规的操作，萌猫科技的大量跨境店铺被封。

（6）企业文化也悄然发生变化，内耗、推卸责任、怨气、唯上不唯客户的价值等负面文化蔓延。

（7）一年时间内，第二曲线业务亏损3000万元；库存积压，供应商的货款也付不起了；萌猫科技大量裁员。

（8）员工失去了信任，供应商失去了信任，用户也失去了信任。萌猫科技像一辆失控的列车，濒临崩溃的边缘。

萌猫科技从未放弃过自救，但最终还是无法摆脱跌落的命运。这个呕心沥血数年建立起来的商业帝国，或是因为CEO的一意孤行和战略错误，或是因为产品不行、人用错了、企业文化有问题……一片坏掉的瓦片，因为没有得到及时且正确的修补，两年多时间带来整个堡垒的坍塌。正应了《伏尔泰语录》中的那句名言,"雪崩时没有一片雪花是无辜的"。

在萌猫科技身上,很多企业都能看到自己的影子,企业发展到一定阶段,就陷入了战略的泥潭、管理的泥潭。这时,领导者所遇到的问题通常都不是孤立的,而是相互影响、动态变化的。

战略方面

* 不知道战略是什么,唯有业绩数字,5000万元、1亿元、5亿元、10亿元、20亿元……增速放缓,每个阶段都有跨不过去的营收门槛,人员效率越来越低。

* 战略是CEO一个人的事,CEO总是战略摇摆、决策多变,忙乱半年一场空。

* 有战略,但战略的组成与结构不完整,没考虑到长期竞争力壁垒的建立。

* 有战略,但战略达成的策略路径不清晰,导致战略无法落地、战略跑偏。

* 缺乏对战略目标落地的管理,没有合理的跟进和复盘机制,导致战略落不下去、战略跑偏。

* 战略的组织支撑不足,公司的资源、人力、物力、流程、机制等无法支撑战略实现。同时,短期收入和长期发展难以协调,相互拉扯。

* 战略与激励断层,导致推动战略目标完成的动力不足。

目标方面

* 目标多而杂,目标不明确,目标流于形式,目标不考虑风险,目标没有重点。
* 目标跑偏:内外部环境快速变化,目标、年度关键指标频繁变动,目标跑偏,目标在层层对齐和承接的过程中跑偏。
* 目标差距大:有目标,没有目标的达成策略,目标的行动计划质量也不高,目标的资源配置不具备可行性;目标没有闭环机制,没有复盘和迭代,每天无休止地开会,关键决策却走不出会议室。
* 目标缺乏同频,团队不理解目标,人才能力不足,意愿不足,责任不明确,导致组织协同非常吃力,协作扯皮,内耗很严重。
* 目标过于关注结果,缺少对目标达成因素的关注和赋能。
* 目标的激励和考核不明确,不透明,影响团队士气。

团队方面

* 团队能力不足:高管的破局能力弱,中基层的执行力不足。
* 团队之间缺少协同,团队职责不清晰,协同目标完成度低。
* 团队培训效果差,团队成长慢,人才梯队不完善。
* 团队晋升通道缺失,荣誉等激励措施不足,激励效果差。
* 管理者缺乏有效的团队管理抓手,目标进度失控,人员效率低。
* 企业氛围消极、负面,不知道如何激发员工的自驱力,越来越多的员工选择"躺平"了。

系统性——ITA 增量管理全景图

为什么企业中的每个板块似乎都在"忠实、理性"地运作着，而所有这些善意的行动加起来却经常得到很差的结果？

为什么企业的腾飞和崩塌总是快于人们的想象？

为什么过去一直奏效的一些做法，现在却突然失效了？

为什么系统会突然毫无征兆地呈现一种你以前从来没有见过的行为？

——改自德内拉·梅多斯《系统之美》

在商业世界里，一个个企业就是一个个系统。当我们想通过改变某一因素来改变系统中某一板块的生存状况时，往往会顾此失彼，找错了核心发力点还可能带来一连串的连锁反应，导致整个系统失衡。正如前文提到的萌猫科技的故事。

只有从整体观来改变系统中的关联角色，找到关键的成功或失败要素，让整个系统达到一个新的平衡，才可能重回增量。

一个成功的企业管理系统，是能够实现个体目标和系统总目标一致性的。也就是说，每个员工的目标和公司目标是一致的，每个部门、每个业务板块的目标也是服务于企业的整体战略目标的。既有自上而下的战略远见和坚决执行，也有自下而上的优化修正和开放创新；既有公司长期价值的持续增量，也能激发每个员工获得物质和精神上的成长——这正是 ITA 增量管理的核心理念。

ITA，即 Increment Target Achievement，指战略目标高效达成

体系,包含文化生态层、战略制定层、高效执行层和人效激发层。我们认为,企业增长＝文化力 × 战略力 × 策略力 × 执行力。ITA 增量管理是一套系统工程,不是碎片化、拼盘式的综合体,下面我一一展开。

一、文化生态层：长期竞争，文化决定成败

即使你的工厂被拆除了，只要它的精神还在，你仍能很快重新建立起另一家。如果一场革命摧毁了旧政府，但新政府思想和行为的系统模式没有发生改变，它就仍然难逃再次被推翻的命运。

——罗伯特·M.波西格《禅与摩托车维修艺术》

当年华为与世界电信巨头的竞争，阿里与易趣、慧聪网的竞争等，实力悬殊的竞争格局，最后都被文化力量颠覆，成了以弱胜强的传奇。

文化是什么呢？众说纷纭，很多定义。我喜欢爱默生的那句话，"有如语言之于批评家，望远镜之于天文学家，文化就是一切给精神以力量的东西"。

文化之于企业，就像空气。在无形中影响和塑造着群体价值观、群体意识和群体行为。很多时候我们内心深处其中意识不到空气，把空气的存在当作理所当然，回首望去才发现企业被独特的组织文化笼罩着。

好文化让企业生生不息，坏文化让企业举步维艰。因为，组织文化从诞生之时，就是为组织使命服务的，它天然带着极强的战略意图。企业没有好的文化，团队就会精神涣散，人心无力，眼里无光，导致极大的管理内耗和精力内耗。而组织文化与集体认知结合起来，会形成强大的组织意愿。组织意愿将企业的共同信念——使命、愿景、价值观，反映到经营的方方面面：

是否坚持极致的产品追求？是否坚持客户第一？战略方向

是短期还是长期？管理风格是开放还是专断？这些方面将共同成就一个卓越的企业，反过来，这些核心文化又成了组织的强势竞争力。

世界级的优秀企业，都有着鲜明的组织文化。例如，华为的狼性文化、字节跳动的"字节范儿"、奈飞的成年人文化、亚马逊的长期主义文化、谷歌的人性化文化。因为这些企业的文化内核尊重商业本质，尊重人成长和发展的本质，所以能够广纳全球人才，具有无边界的号召力。

尚有遗憾的是，当前国内具备全球号召力量的企业数量并不多，这也让我们在国际化竞争中的影响力欠缺。特别是在跨境电商行业中，我们要走向全球，必先有能打动全球客户和全球人才的文化。

文化之重要，是潜移默化的。在第一章"文化生态层"中，我们将对以上内容徐徐展开，包括文化的萌芽、形成、传承和撕裂。同时，这本书是一本实操性极强的工具用书，有详细的模型帮助企业梳理使命、愿景、价值观、战略定位、企业文化等，帮助企业构建独有的组织文化。

* 使命，如每天升起的太阳，驱动着企业永无止境地进步。

* 愿景，企业的导航系统，知道往哪走才能承受一切横逆。

* 战略定位，企业的定海神针，知道做什么，放弃什么。

* 价值观，企业的土壤，滋养一切，使企业自由、稳健生长。

* 文化，企业的空气，任何企业都不能缺少。

二、战略制定层：企业成功 = 高效的日常经营能力 + 长期的战略管理能力

> 没有短期的成功，就没有战略的基础。没有战略的远见，没有清晰的目光，短期努力就会像几千年的农民种地一样，日复一日……管理要权衡的基本问题是现在和未来、短期和长期。
>
> ——任正非

在萌猫科技的自我拯救案例中，最艰难的还有短期业绩与长期健康发展的矛盾。不管是 CEO 还是高管都告诉我，"我们有战略，我们制定了全年的收入目标和系列关键工作，但日常经营与长期战略冲突时如何取舍？同一群人、同一波资源，如何做到两者兼顾呢？"

这也是大多数企业的疑问。即使贝索斯的"长期主义"对跨境电商行业进行了一次次洗礼，越来越多的领导者宣称自己是长期主义者，致力于品牌出海，关注可持续的核心竞争力建设。但当业绩目标袭来时，又都处在一种极度撕裂的拉扯中：

我没办法想明年、后年要做什么，我只能想怎么达成这个月、这个季度的收入目标。我必须先让公司活下去。

原定为下半年进行的产品研发计划一推再推，所有的人力、资金、渠道资源全部投入到当下的业绩目标中，不断加产品、加人、加广告，"必须动员一切力量"。

第二曲线业务刚萌芽，已经背上了拔苗助长的 KPI。负

责该业务的高管说：“当前最重要的是打磨产品，关注种子用户的口碑。”但 CEO 并不认同：“产品肯定要打磨好，但你也必须盈利。”该高管被迫在产品不成熟时就推向市场，伤害了用户口碑，也错过了产品的成长机遇点。我们作为决策者，是每天在为业务赋能，还是给业务套上不合时机的枷锁？

人才盘点好像每年都在做，但 HR 还是向我们抱怨道："年初目标一确定，各部门就要求招人，画像不清晰，对人才的发展规划也不清晰，只要求必须招、下个月必须到岗。快到年底了，一核算成本和利润，又要求我们裁员，越快越好。"为什么我们不能一开始就看得更远一点呢？

……

这样的抱怨和迷茫，不胜枚举。这个月的应急策略，将当下的难题以牺牲未来的方式抛给了下个月，当难题再次来临时，需要我们采取更多的应急策略才能解决。结果账越欠越多，坑越挖越大，陷入无穷无尽的恶性循环中。

日常经营的重要性，不言而喻，因为保持良好的财务状况是企业活下去的根基。但日常经营渐进式增长需要基于正确的长期战略规划，当下每个关键决策都需要思考其背后的长期战略意图是什么。当企业能够实现更佳的业绩时，也需要对未来进行提前投资。等每个"未来"成为"当下"的时候，就能够创造更好的收益。如此周而复始，正向循环。

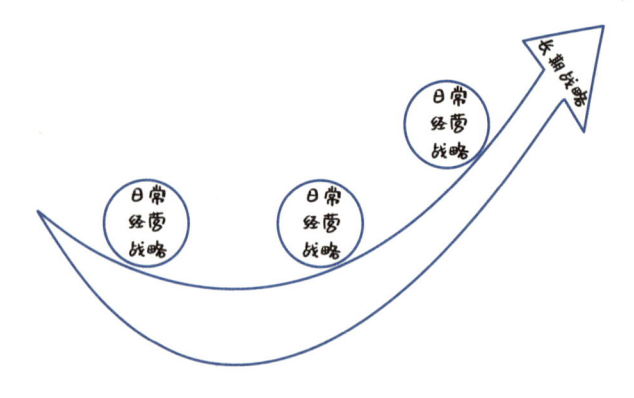

那么，如何实现短期业绩和长期战略齐头并进呢？在ITA增量管理中，我们将战略分为两类：一类是长期战略目标，另一类是日常经营目标。

* 长期战略目标（STP），即战略（Strategie）—策略（Tactic）—计划（Plan）。

  我们在长期战略中关注两大目标：一是业务增长目标，指业务增长的来源，该战略直接与业绩增长挂钩，体现企业的财务意图；二是长期价值目标，指帮助企业增强穿越周期的长期增长能力，能够让企业与众不同，形成长期竞争壁垒。一个是挖井，解决今天喝水的问题；另一个是建渠，解决未来活水源源不断的问题。

* 日常经营目标（MTP），即经营（Management）—策略（Tactic）—计划（Plan）。在日常经营中关注四大目标：财务目标、客户价值目标、内部运营目标、组织与人才目标。这四大目标要稳健推进，全面系统地推动企业绩效达成和组织能力成长。

```
    MTP    STP
         ↓
        OTP
         ↓
        POI
```

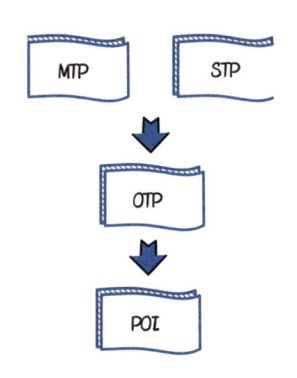

* ITA 战略制定体系中提出了"策略"一词，我们发现，难的不是制定战略，而是能否对战略进行行之有效的行动。策略思维是战略解码的关键。

* 这个板块还会涉及多个名词：年度行动地图 OTP，即目标（Objective）—策略（Tactic）—计划（Plan）。STP+MTP 落到当年度，会形成当年度可执行的年度行动地图 OTP，解决战略共识和对齐的问题。

年度考核指标（POI），即责任人（Person）—目标（Objective）—关键指标（Index），指一级部门的关键战略目标的健康设计。

在第二章"战略制定层"中，对于战略的诊断和识别、顶层设计、制定 1~3 年战略、战略共识和考核等每个环节，都会给出系统性的解决方案和详细实操路径，相信一定有助于你作出一个具有指导意义的战略。

三、高效执行层：做对的事、用对的人，把事情做对

领导可以只关注战略，而把执行交给其他优秀人才的这种想

法，完全是一种谬论。你不需要事无巨细……但你必须深入其中，以确认所有项目都在按计划推进。你必须确保"机器"每天都在运转，必须确保员工拥有执行决策所需的工具及流程，同时必须千方百计改进这些工具及流程。

——高德威《长期主义》

企业确定了终身目标——使命，使命要愿景化，愿景要战略化，工作进行到这里只完成了10%，剩下的90%在于目标的高效执行。

"我的战略没问题，但是团队的执行力太差了，目标的完成情况，总是让我很不满意。"萌猫科技 CEO 对我抱怨。我说："如果团队的执行力差，本质是你的执行力不行。"

很多领导者认为，执行力是用来考察基层管理者和普通员工的，自己只需要关注大方向，把权力下放。这是一种错误的认知。优秀的领导者，在执行力方面一定具备了卓越的品质，他们知道抬头看天（制定战略），也会踏踏实实地低头走路（高效执行）。例如，他们会

制定目标的实现策略

为目标挑选和培养合格的团队

作出正确且高效的决策

强化正确的做事标准

拥有极强的时间观念

关注细节问题

开好各种会议：脑暴会、复盘会、经营会、跟进会等

跟踪并监督执行进度

检查评估执行结果

进行纠偏和复盘

做好团队的目标激励

……

因为,目标高效达成的本质是,做对的事、用对的人,把事情做对。把事情做对、做好的关键,在于建立对目标高效执行的闭环。

* 做对的事:各级管理者制定正确的目标、高质量的策略、高质量的计划。
* 用对的人:各级管理者制定清晰的人才标准、人才评鉴机制、激励机制和培养体系。
* 把事情做对:各级管理者都能建立设计策略—计划—跟进—点评—复盘的闭环,保证工作高标准、高效率地完成。

如果 CEO 把执行交给高管,高管交给中层,却不躬身入局,每天只盯着业绩看,事情多半会大打折扣。如果每个决策都打八折,无数个 80%,最终目标结果将趋近于 0。

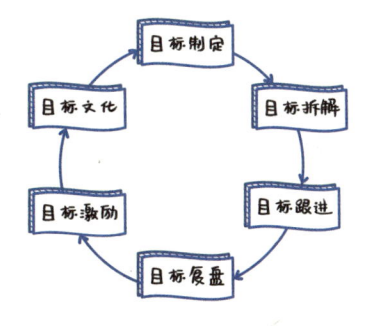

目标制定 → 目标拆解 → 目标跟进 → 目标复盘 → 目标激励 → 目标文化 →(循环)

在这个章节,我们还提出了另一个理念——借事修人。

借事修人，即在目标的推进中，通过有效的管理，帮助下属完成目标。目标完成了，团队的能力也成长了。以目标带动能力，能力拉动意愿，目标、能力、意愿三者螺旋式上升，成就一个高自驱力、强执行力的胜仗团队。

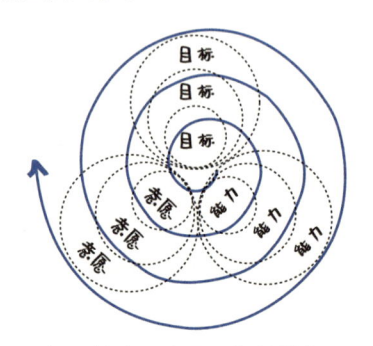

目标—能力—意愿三螺旋增长图

以上内容，在第三章"高效执行层"中，将通过13个目标管理的典型问题，帮助管理者解决目标管理闭环中遇到的：目标制定、策略、计划、关键指标、资源匹配；监督跟进、决策、共识与协同、复盘；提问、倾听、反馈、团队培养；目标评价、能力评价、组织评价等问题。第三章并且匹配近30个模型及工具，拿到团队中即可实操。

四、人效激发层：游戏化管理，像手术刀一样切到人性的激励

管理者天天都要面对不完美的人，面对人性中的善，人性中的恶，人的潜能、长处和弱点。而管理者要做的就是激发善意，激

发和释放人本身固有的潜能。

——彼得·德鲁克

前面我们搭建好了企业文化，制定好了日常和长期战略，也建立起了高效的目标落地闭环，但这所有的一切能否达到预期或者超预期结果，最后都不得不回到人的身上。作为领导者，你能否激发出团队的高意愿，让所有人倾尽所能参与到企业的增量大业中。

人性纵横交错，有多么善也就有多么恶，激发的形式也不拘一格、充满想象。基于人性的激发，要能够点燃团队心中的至善和光亮，自发地为自己而战，为团队而战，为梦想而战。

但跨境电商行业对于激发的理解，比较单一和片面，更多的是胡萝卜加大棒的 KPI 方式、提成方式、合伙人股权或期权分配方式等。时代在变化，"90 后""00 后"逐渐成为企业主体，以往的激励方式很多都不管用了。

本章将会带来针对不同人性需求的动机分析和激励模型实操，希望可以重新打开领导者对"激发"的理解。

* 激发双轮：你不可能真正激发一个人，你只能给他/她一个理由，让他/她来激发自己。

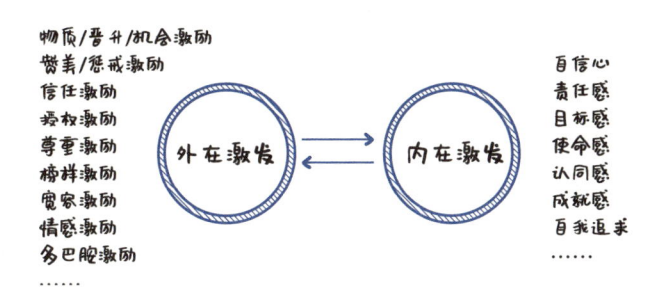

外在激发：
- 物质/晋升/机会激励
- 赞美/惩戒激励
- 信任激励
- 授权激励
- 尊重激励
- 榜样激励
- 宽容激励
- 情感激励
- 多巴胺激励
- ……

内在激发：
- 自信心
- 责任感
- 目标感
- 使命感
- 认同感
- 成就感
- 自我追求
- ……

同时，本章把大部分的笔墨放在了"游戏化管理"的激励场景设计上。

游戏化管理是将游戏化应用于管理领域，运用游戏化心理、游戏化思维、游戏化元素，将工作过程进行游戏化设计改造，让员工在完成目标的过程中产生游戏化的愉悦体验。

例如，简·麦戈尼格尔在《游戏改变世界》中说，游戏激励我们主动挑战障碍，积极乐观地做着一件自己擅长并享受的事情，失败了可以重新再来，并由此体验到胜利的快感、自豪的幸福感。玩游戏，就是自愿尝试克服种种障碍完成目标。

游戏化管理也是如此。通过游戏化的流程、机制和场景化设置，激发与人性相关的、与快乐相关的所有神经和生物系统，让完成目标像玩游戏那样充满乐趣。

本章共呈现了五类企业管理游戏、六个游戏化激发实操案例，每个案例都可以直接调用。

五类企业管理游戏

* 同频类游戏

* 关系类游戏

* 成长类游戏

* 激励类游戏

* 传承类游戏

六个游戏化激发实操案例

* 场景一：超级战队PK赛——你追我赶冲刺目标，能者帮扶弱者，壮大金字塔塔尖和腰部的业绩人才

* 场景二：新人梦想创造营——成长之旅帮助新人快速胜任，提升优秀人才的留存率

* 场景三：主本与副本——企业降成本、提人效的撒手锏

* 场景四：职级修炼通道——从青铜到王者，"打怪升级"开启大神之路

* 场景五：最强法师名录——让优秀经验在企业内自由流转

* 场景六：我的家园——无限游戏，让企业文化深入人心

当然，根据书中提供的心流模型、八角模型等，领导者可以自由创建自己想要的企业管理游戏。你想要什么就导向什么，你就可以创造出一个全新的游戏，因为万物皆可游戏。

五、来吧，开启企业增量之旅吧

读到这，相信各位对"ITA 增量管理"已经有了大致的感知。为了能让你更为顺利地开启第二部分，还有一些小 TIPS。

（1）企业增长 = 文化力 × 战略力 × 策略力 × 执行力，这是本书最重要的理念，前文所展示的"ITA 增量管理全景图"，也将这四个板块打通和贯穿。"ITA 增量管理全景图"可以帮助大家快速了解本书的整体内容，且系统化、流程化强，方便领导者清晰掌握每个板块的管理逻辑。

* 企业可以根据这个全景图，自行进行企业文化的搭建、制定短期和长期战略、建立目标管理闭环，以及激发团队的丰富设计。

* 当企业遇到问题的时候，可以参照这个全景图，更系统地思考公司困境，避免头痛医头、脚痛医脚。
* 不管是存在认知的不同，还是存在信息差，在共建企业增量的过程中，ITA增量管理体系，可以统一语言，提升团队共识。

（2）本书涵盖了上百个，由ITA增量体系原创的管理模型和实践方案，以及管理史上那些经典的理论和工具。每个管理关键点，都会给出相应的实践方案，帮助领导者打开理论的眼，迈开实践的腿。本书涉及的所有工具和模型，在本书案例目录部分可以一一查看对照。

但是需要特别注意的是，我们学习工具，不能停留在工具的逻辑上，应该看到工具背后的业务逻辑，不能脱离业务视角去看工具。管理者不能成为工具管理者，而应成为业务管理者。工具管理者，思考管理从工具出发，如用KPI时，就从KPI的角度出发，从指标库出发，关注工具用得好不好，用得完不完善。而业务管理者，会思考业务设计、战略路径、目标达成策略和计划，关注事和人这两个维度。例如，用KPI时，会关注指标是否支撑战略达成，是否引导团队成长等。所以，本书涉及的管理工具，更注重背后的业务逻辑。

（3）因为笔者在跨境电商行业从业很久，所以本书汇集了大量的跨境电商企业的真实改编案例。相信从事跨境电商的朋友们看到本书时，感触会更为深刻。当然，管理是相通的，本书适用于所有企业的管理者。

（4）最后，也是最重要的，本书设置了4章，共15关。每关最后都设置了相应的通关作业，希望各位企业管理者可以升级"打怪"，顺利通关。

来吧，开始游戏吧！

第二部分
卓越企业的 15 阶增量之旅

企业增长=文化力×战略力×策略力×执行力

第一章

文化生态层

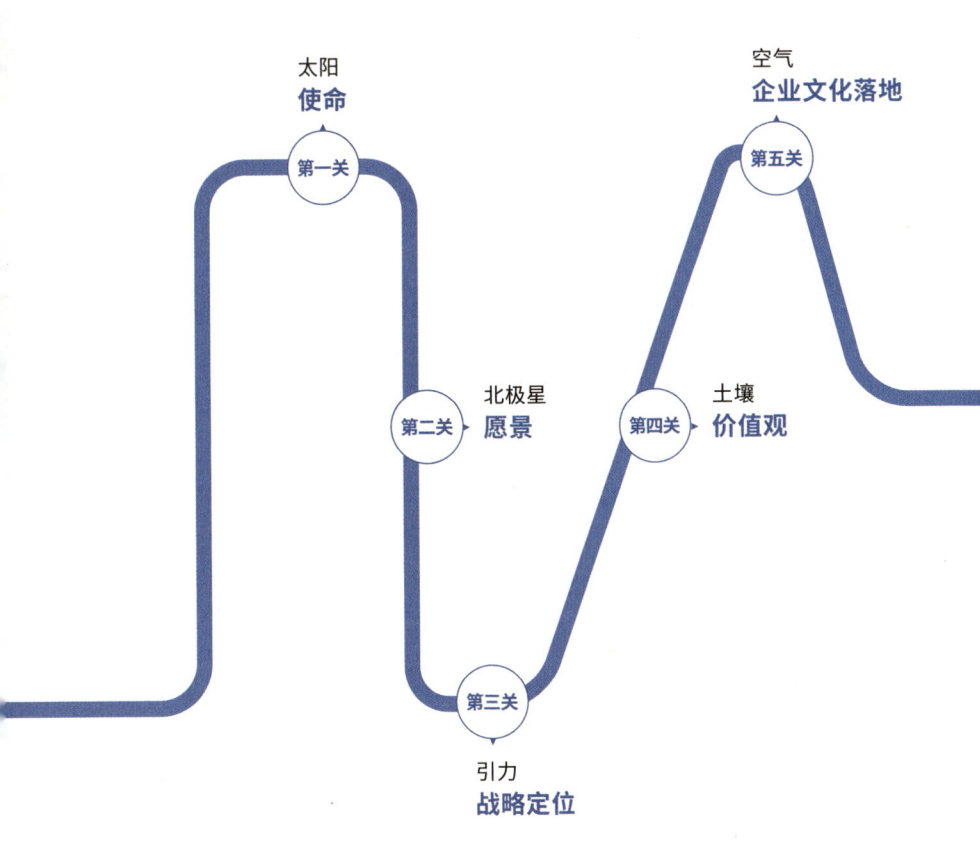

太阳
使命
第一关

空气
企业文化落地
第五关

北极星
愿景
第二关

土壤
价值观
第四关

第三关

引力
战略定位

第二部分　卓越企业的 15 阶增量之旅

2015年的一天，美国西南航空的一架飞机正从罗利—达勒姆飞往俄亥俄州哥伦布。飞机已滑行至跑道，却突然掉头返回登机口，随后乘客佩吉·乌勒被机组人员通知下飞机。

原来是佩吉的24岁儿子在丹佛遭遇创伤性脑损伤，昏迷不醒。西南航空的员工将佩吉引到私人休息区，主动为她订了飞往丹佛的航班，帮她把行李从原本的飞机搬到飞往丹佛的飞机上，并且安排她优先登机坐在机舱门附近，确保她能第一个下飞机。当飞机落地丹佛，西南航空公司的工作人员给她打包了一份午餐，派车把她从机场送往了丹佛的医院。

佩吉说，她和丈夫事后还接到西南航空工作人员的电话，询问他们的儿子情况，这让她无比感激这些好心人的关心与帮助。西南航空也从没向我要过前往丹佛航班的费用，也没收过行李运输费或其他费用。

西南航空公司从来没有具体的操作手册，指导处理类似这样的案例，但员工能够第一时间以乘客的感受和需求作为第一准则，来处理应急事件。事后西南航空的发言人汉森说："员工被授权可以超越职责并按照自己的内心所想,作出对客户产生积极影响的决定。"

这样的故事还有很多。例如,由于西南航空没有动物搭乘服务,一位西南航空的工作人员为了让带着宠物的乘客能够顺利登机,赶往与家人的聚会,主动提出把乘客的狗带回家照顾,乘客回来时再把狗带去机场还给乘客。

这是一个优秀企业的企业文化最好的展示:无须监督、无须过度干预和请示,员工能够凭借价值观,作出正确决策。

其实,在美国西南航空的方方面面,都有着优秀企业文化的体现:

1) 长期使命

作为世界上最安全、最可靠、最有效率的航空公司,我们致力于为员工打造最舒适的工作场所;我们致力于为顾客提供最多、最好的航班以实现他们"自由飞翔"的梦想;我们致力于为顾客提供最佳的服务体验;我们更清楚地知道,我们需要为员工和股东取得更卓越的财务业绩。最终,我们知道要想实现以上的目标,我们需要长期坚持我们的低票价、低成本模式。

2) 战略定位:低票价,让客户自由飞翔

标准 1:让客户能够支付得起机票价格。

基于这一点,西南航空确定了低成本策略来实现低票价,瞄准跨城市上班、短程旅行的需求,飞机替代汽车成为人们在不同城市之间穿梭的工具。机票可以和长途汽车的价格相竞争,却不降低服务水准。

第二部分 卓越企业的 15 阶增量之旅 027

标准2：乘客随时可以起飞。

不断增加航班，让客户随时起飞，灵活安排行程。如果乘客一不小心错过了航班，再等一小时就可以搭乘下一次航班。

标准3：让乘客自主高效地安排时间。

努力提高航班的准点率，为乘客最大限度地节约时间。例如，实施点对点的航线网络，减少经停点和联络点，从而减少航班延误的可能。

标准4：心情快乐。

在航班上提供快乐稳定的服务。例如，在一些特殊的日子，允许员工穿着五颜六色的衣服，在航班上讲笑话，给乘客带来惊喜，拉近与乘客之间的距离。

西南航空的快乐三段论：有快乐的员工，才会有快乐的乘客；有快乐的乘客，才会有快乐的股东。

标准5：乘客能自由选择目的地。

不断开拓航线，满足乘客去不同城市的飞行需求。西南航空是通航城市最多的航空公司。

3) 强调"员工第一"和"关爱员工"

• 1967—2020年，一直坚持不裁员、不强制降薪的政策。

西南航空自成立以来遭遇了1979—1985年石油危机、1990—1997年海湾战争、2001—2007年"9·11"恐怖袭击、2008—2015年金融危机共四次巨大的生存危机。在前几次危机中，一直坚持不裁员、不强制降薪的政策，通过有效的成本策略、市场策略、企业文化等引导员工共同度过危机。

"你希望人们知道,你珍惜他们,你不会为了得到一点短期的利益就去伤害他们。不裁员可以培养员工的忠诚度,使他们拥有安全感和信任感。"创始人赫布·凯莱赫说。

• 持续的员工利润分成。

西南航空对于工作一年以上的员工实施分红制度,员工享受公司成长的红利。

• 精神激励。

例如,连续五年赢得三维皇冠奖的员工,西南航空会将员工的名字刻在特别设计的波音737飞机上,以表彰员工卓越的贡献。

• 承担责任,做主人翁。

公司重视员工对具体问题的判断,在管理实践上也强调员工主动、积极地寻求解决问题的对策。

• 让员工享受快乐,让公司充满爱,而不是敬畏。

4) 勇气精神

追求卓越、时刻保持紧迫感及永不放弃的精神。让员工在危机面前,拥有狮子一样的勇敢,大象一样的力量,水牛一样的决心。

5) 合作精神

公司提出了"了解他人工作"的口号,鼓励合作意识,拒绝个人英雄主义。

6) 保持低成本

顶层商业设计上始终坚持通过有效策略来降低成本,低成本意识也贯穿员工行为和细节处，如登机牌用塑料打印，进行回收和重复利用。

7）赢得客户口碑

员工对客户服务的理解深入人心，如上文提及的故事。

……

优秀的企业文化成就了西南航空的成功。它是自1973年以来，唯一一家连续47年盈利的航空公司，创造了多项美国民航业纪录；唯一连续多年获得航班准点率、顾客满意率、行李传送准确率"三满贯"大奖的美国航空公司，同时员工的满意度也名列前茅。

直到今天，西南航空仍然是众多航空公司的学习典范，虽然商业模式可以被模仿，但是企业文化只能一点点生长起来。一个激动人心且具感召力的企业文化，值得CEO花费一生的时间去建立、与时俱进地经营，直到它成长为企业无法磨灭的性格。

为了更好地理解和建立企业文化，我们从文化类型、文化萌芽开始，进行文化的基础逻辑分析；再基于这个逻辑将视野聚焦到企业，分析企业文化的成形和撕裂，企业文化从0到1及创意性落地和传承。

一、从文化到企业文化

（一）文化的四种类型

根据文化目的和影响范围不同,我们把文化分为四类:圈子文化、组织文化、社会文化、普世文化。

1. 圈子文化

特点:

- 小范围群体的价值共识;
- 由精神领袖主导,推动着圈子文化的发展;
- 圈子内的人呈现志同道合的状态。

代表文化:各种兴趣圈子、小社群、企业中的小团队等。

2. 组织文化

特点:

- 由精神领袖发起,服务明确的共同发展目标;
- 对组织群体有较强的契约约束力;
- 对外部的人才、伙伴等具有一定的影响力和吸引力。

代表文化:企业文化、非营利组织的公益文化等。

3. 社会文化

一般没有明确的精神领袖,由特定的族群根据历史经验沉淀下来的共识,大家自发践行。很多时候由信仰、习惯、基因记忆等主导。

代表文化:各民族文化、各地域文化,能够代代相传。

4. 普世文化

随着全体人类的发展,逐渐形成的价值观之宝,如平等、自由、至善、至美等普世价值观。在不同民族、国家之间都能代代相传的文化。文化类型如图 1-1 所示。

图 1-1 文化类型

这四种文化，有一定的交集，如圈子文化发展壮大，可以成为组织文化。另外，普世文化是前三者健康发展的根基所在，前三者的文化内核，越接近普世文化，影响力就越大。文化周期如图 1-2 所示。

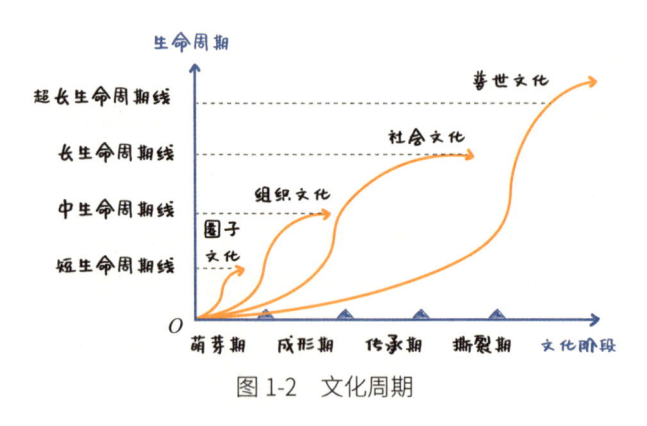

图 1-2 文化周期

不管是圈子文化、组织文化还是社会文化和普世文化，都将经历萌芽期、成形期、传承期、撕裂期的周期更替。其中，普世文化的特殊性在于其生命周期与人类文明相同,是一个超大周期格局。

(二)文化的萌芽

1. 文化的自然萌芽和人力萌芽

根据文化萌芽的诱因,我们把文化萌芽分为自然萌芽和人力萌芽。

自然萌芽的逻辑,类似道家的无为而治,顺其自然,在生活与工作中,随着人们加深对事物、对环境的理解,逐步形成一套文化规则和逻辑。人力萌芽的逻辑,是事在人为,依托强大人格的初心力量,先构建价值框架,然后不断践行价值逻辑逐步形成文化。文化萌芽如图1-3所示。

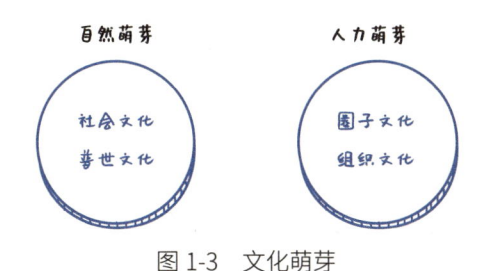

图1-3 文化萌芽

自然萌芽通常是社会文化和普世文化的初期形态,而人力萌芽主要催生着圈子文化和组织文化。当然,这两种萌芽的力量,在各种文化的后续发展过程中始终相互交织,共同塑造着文化的内核。

2. 组织文化的人力主导逻辑

为什么企业等组织需要人力萌芽的文化萌芽呢?

企业管理主要分为五条主线,战略线、人才线、资金线、信息线及资源线。其中,资金、信息及资源等,都是用来服务战略的。那么,人才如何使用这些核心生产要素发挥最大效能,才是最关键的。

这个时候,就需要文化的力量。文化塑造人,主导着人的意识,深刻影响着我们对这些要素的使用效率。这也说明,组织文化从诞生之时,就要为组织使命服务,它天然带着极强的战略意图,而战略意图的实现需要人力牵引,尤其需要一个英雄式的精神领袖。所以,每个圈子和组织的发起人,他们都有一个共同的身份,那就是文化孕育者。他们把自己的精神内核,带进企业来服务使命。

那么,这些文化孕育者的精神内核又是什么呢?人们常说,人无志不立。立下的志,就是这些文化孕育者的内核。志,在企业中就是企业的使命、愿景和价值观,也是创始团队的使命和价值观,在创始团队实现大志的过程中,就主导产生了企业文化。

(三)企业文化的成形

根据企业文化的发展阶段,可以把企业文化的成形过程分为扎根阶段和裂变阶段。

1. 扎根阶段,形成精神内核

扎根阶段,最关键的是遇到各种困难时还能作出对企业真正有价值的选择。

首先是创始人,在创业初期有盘古开天辟地的魄力和冲劲,带头突破各种僵局。在这过程中,创始人所做的各种取舍抉择,逐渐形成创始人的哲学观和信念,竖起团队精神大旗。

其次,创始团队犹如企业的种子。创始团队选择创始合伙人时,包括早期创业的非合伙人成员,都要有正确的价值观、具有终身学习和成长思维的人。只有这样的优质"种子",生长时才能根深蒂固;发展时才能逢山开路、遇水搭桥,勇猛地解决企业遇到的问题。

扎根阶段几乎是所有企业谋生存的阶段,这个时候更要敢于坚持难而正确的事。很多创业者借着生存名义,抛弃价值观和坚守,实则是自毁团队心气。没了心气的团队,最终将是散兵游勇。

所以,在扎根阶段,要打完三场硬仗:一是经过客户验证的产品硬仗;二是让客户满意的服务硬仗;三是盈利硬仗。打赢这三场硬仗的过程中,信念逐步坚定,精神力量也得以形成。文化飞轮如图1-4所示。

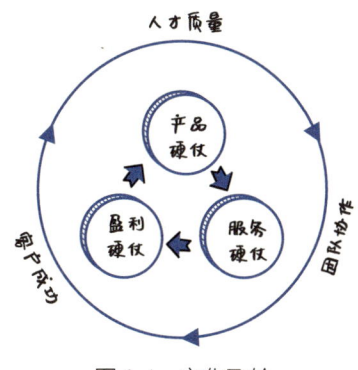

图1-4 文化飞轮

2. 裂变阶段,形成感召力量

裂变阶段,主要是考验由创始人和创始团队的精神内核形成的文化能否裂变出去,对更多的人形成无形的感召力量。

具有感召力的文化的企业有以下几个关键表现:

• 能够培养出一批,因为相信文化和价值观而成长起来的中坚力量。他们因为文化而留下,因为文化而成长,因为文化而收获。文化归属感是他们和公司最强的纽带。

• 企业的CEO、高层、中层、一线团队能形成价值观梯队力量。彼此之间形成文化的底层信任和默契。

• 文化对客户和合作伙伴具有感召力量,能凝聚一批铁杆客户和伙伴共同发展。

• 文化具有多元、开放的张力,能吸引性格特质不同的人,吸引习俗和信仰不同的人。

当文化形成精神内核并具有感召力量时,我们认为文化才算成形。这个时候,我们去做文化的传承和布道,才会引起共鸣。很多企业,在没有精神内核、没有对核心群体形成感召力量时,就大力做企业文化的宣传和造势,其实很难引起波澜。

(四) 企业文化的撕裂

1. 多变撕裂: 千里之堤,毁于蚁穴

我们常说规则是死的,人是活的,以及唯一不变的就是变化等,这些求变其实是针对"术"的层面。"术"的层面需要拥抱变化,不囿于规则。但文化是属于"道"的层面,最怕大家对文化的内核和坚守变来变去。文化之道一变,企业必然撕裂。

当有功之人违背了价值观,如果公司网开一面灵活处理,文

化会如何？

当创始团队不再以身作则,无视价值观时,团队会如何？

当企业因为各种压力,对价值观的坚守作出让步,伤害了客户的价值,精神之力是否还能纯粹有力？

……

作为企业文化的护"道"者,会不断有类似的魔性事件来挑战我们的坚持,成为企业文化的撕裂区。如果要成为跨越周期的企业乃至百年企业,第一步就要跨越善与恶的人性鸿沟,获得规模化的发展,然后才是跨越环境的周期熵增。

2. 周期撕裂：困于熵增,无法重生

其实,企业最大的挑战,就是来自周期的挑战,文化也是。

有几个关键周期,需要企业穿越：产品生命周期、行业赛道周期、核心团队管理周期等。

产品汰换、行业衰退、核心团队断层,就是企业面临的熵增挑战。如果企业困于其中,无法催生第二曲线的成功或者核心层接班人的成功时,文化也会面临地震式风险,或丧失其存在的根本。

歌德说,文学的衰落表明了一个民族的衰落,这两者走下坡路的时候是齐头并进的。企业文化的衰落和企业的衰落,也是如此。创业者应当时刻警醒,文化兴,企业兴；文化落,企业落。

文化的生生不息属于长期主义者,而长期主义者最需要类似布道者的虔诚和修为。

当文化如空气般环绕着每个人,激发人性之善的力量时,我们的管理难度将大幅降低,我们也会减少情绪内耗,形成强大的凝聚力。不管是面对强大的对手还是巨大的困难时,团队都将用极大的精神力量加速度勇猛破局。

二、企业文化如何实现 0-1-N?

在广阔的南方原野上,覆盖着一片森林。这片森林中,树木种类众多,树枝交错生长,繁盛的枝叶把蓝天遮了个严严实实。一株巨大的樟树伫立在森林中央,粗壮的枝梢像龙一样相互盘绕注视着远方。每次微风过去,枝叶发出簌簌的响声,如龙的低吼,紧接着是龙阵军团般的集体群鸣。

适应了这片森林的空气、湿度、温度、狂风、暴雨等条件的植物生长很快,一棵棵高耸入云,并很快地横向蔓延。也有一些植物在对阳光、养料的获取中逐渐落下阵来,分裂成一片片灌木丛,有着灭绝的风险。

当然,如果不适应这里的空气,即使是一头巨鹰也有可能黯然离去,除非这头巨鹰具备了改变这片森林的本领,逐渐融入其中。这种改变要么惊天动地,要么悄悄进行、一点点侵蚀。至于森林的结局,要么更好,要么更坏,谁知道呢?

在这片森林中,一切都依赖阳光、空气及其扎根的土壤,逐渐形成一个稳定、平衡的整体生态。森林以自己博大的胸怀呵护滋养着生活在其中的物种们。从微不足道的昆虫到天上翱翔的鸟类,从机敏的狼群到追逐的山羊和野鹿,或是许多叫不出名字的植物,无一不是森林的受益者,而它们又用各自的方式维护着森林这个和谐安宁的家。

"所有物种逐渐形成适应力、自制力和创造力,可能共同进化出任何一种结局。"就如凯文·凯利在《失控》中描述的那样。企业文化生态图如图1-5所示。

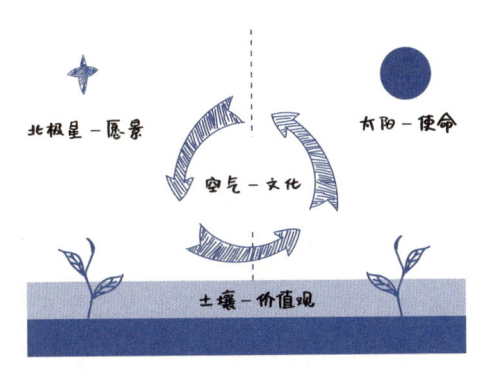

图1-5 企业文化生态图

企业的文化生态又何尝不是如此呢?太阳如企业的使命,照耀万物,给企业的发展提供源源不断的内驱力;愿景如北极星,让大家永远知道往哪里走;价值观则是土壤,滋养那些好的、淘汰那些坏的,牵引企业在正确的价值轨道上运行。

所有人不管什么角色,都是这个生态中的一员。适合的人在这个生态内自由生长,底层信念不符合的人会慢慢离开。

案例企业:极致飞跃有限公司

2022年的下半年,极致飞跃CEO王旭带着高管团队拜访了一家同行。这家跨境电商企业,此前遭遇到亚马逊平台大规模的店铺封杀，几乎夭折。但令王旭想不到的是，短短一年多的时间，这家企业东山再起，运营良好，最重要的是团队士气高昂，对前景充满希望。"一踏进公司，团队那种极强的韧性、战斗力和不服输的文化气息扑面而来，不仅刻在墙上，也刻在他们的脸上。与创始人交流后，我知道这就是他们裁员将近70%还能快速翻身的关键。"

回去后王旭就开始焦虑了，他无数次问自己如果极致飞跃也遇到这样的生存危机，能够挺过来吗？答案不是肯定的。"我希望，极致飞跃也可以成为这样一家拥有独特文化、温暖真诚，可以穿越危机的企业。"

联合创始人李丹对此也深有感触。极致飞跃经历过扩张、裁员、再扩张，这期间进来很多新人，创业文化没有得到传承。大家疲于业绩，"部门墙"也比较厚，很多老员工慢慢"躺平"了。

为此，王旭开始重视HR团队。HR负责人贝蒂表示，公司成立7年，主营玩具类产品，今年有接近5亿元营收规模。但企业文化建设几乎为0，很少有员工能说得出使命、愿景是什么，价值观也只是挂在墙上的标语，可有可无。CEO也不太擅长讲清楚我们的文化到底是什么，即使他内心知道。

极致飞跃的需求很清晰，从0到1建设企业文化。虽然公司有员工200多人，但从未正式定义过企业文化，从0到1并不是难事。不过团队多年已经形成了固有的性格和特质，需要重新思考、梳理、明确，重新制定符合极致飞跃的企业文化。

在一个周六的早上9点，我们与极致飞跃的CEO、五个核心高管、HR团队的负责人，准时开启了一场关于企业文化的探索之旅。

太阳
使命 第一关

使命如每天升起的太阳，驱动着企业永无止境地进步。

第一步：重新理解"目标"

跨境电商行业存在着巨大的管理红利，2022—2023 年我们针对跨境电商企业调研数据：

90% 的企业制定了年度规划，但是年度规划仅等于年度目标，特别是业绩目标；

8% 的企业制定了 3～5 年的战略目标，但是持之以恒保持战略一致性的企业少之又少；

1.5% 的企业从一开始就想清楚了愿景是什么，10 年以后要干成什么样子，不过跨境电商行业从 2013 年开始才迅猛挺进，挺过 10 年并且增长不错的企业并不多；

拥有使命，坚定地相信自己能够干成的企业，微乎其微，仅占 0.5%。跨境电商企业战略调研如图 1-6 所示。

1) 目标逻辑

使命、愿景、战略、规划，其实都是目标。企业目标是层层递进的，使命牵引愿景（长期战略目标），愿景牵引 3～5 年中期战略目标，中期目标决定着年度目标。

图 1-6　跨境电商企业战略调研

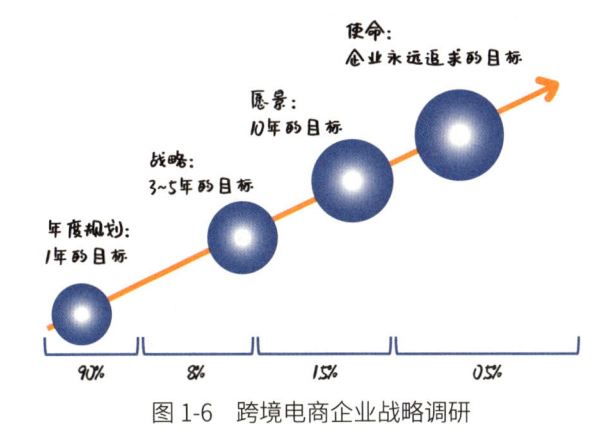

每个年度目标的实现，都在为中长期战略奠定资金和资源实力；每个阶段的渐进式增长，都必须思考其背后的长期战略意图。

当团队在为某个关键性的决策争执不下时，不妨放长远一点思考：这个决策所带来的结果有没有偏离企业战略？能否为实现企业的愿景和使命垫上一块砖？

2）目标的作用

目标是确定发展方向的，方向比数值重要。目标是统一团队方向的，让每个人的小箭头都指向核心方向。目标是企业资源的合力点，击穿一点比多点开花重要，所以长期战略目标的一致性很重要。目标可以牵引企业的核心能力生长，让企业更有创新力和持久竞争力。

第二步：理解使命"三要素"

使命"三要素"分别是"太阳"、客户价值和相信，使命"三要素"如图 1-7 所示。

图 1-7 使命"三要素"

"太阳"：使命是企业立的志向，如每天升起的太阳，给企业发展提供源源不断的内驱力。使命刺激企业不断改善、不断变革、不断创造，永无止境地进步。树无根不长，人无志不立，企业如果仅仅为了赚钱而无大志，也将走入时间的迷途。

使命作为企业的终极目标，决定了愿景，决定了战略定位的选择，也驱动着组织、人才、制度、流程等企业配置的优化。

客户价值：使命的出发点是客户价值。使命就像企业与社会订立的一个契约，一个心系客户的契约，承担着客户价值提升的责任，如阿里巴巴的"让天下没有难做的生意"、迪士尼的"让世界快乐起来"。当个人利益、团队利益与使命发生冲突时，它让我们选择做正确的事，而不是容易的事。赚快钱、"割韭菜"，很多都是以伤害客户价值为基础的，是不持久的。

相信：使命具有召唤性。创始人对使命是相信的，但别总想着感动自己，先想想能否感动员工，感动客户，感动合作伙伴。公司的使命与个人的使命相呼应时，使命才具有号召力。因此，在招聘时，我们要找到志同道合的人。

第三步：撰写使命"5W"法

撰写使命"5W"法如表1-1所示。

表1-1 撰写使命"5W"法

思考维度	对于客户
我们是谁（Who）	
我们为了谁（Who）	
我们提供什么（What）	
我们要达到什么目标（What）	
我们为什么要这么干（Why）	
输出使命：	

CEO王旭提问：我为公司写下的使命是"为全球儿童创造快乐"，这个使命好不好？

注意以下几点：

① 是否符合使命的"三要素"。

② 一个好的使命：能够一句话说清楚企业的志向是什么，立大志，形成合力，帮助企业走得更远；要让团队和上下游伙伴等听到之后，充满向往和期待；这个使命是否可以吸引志同道合的优秀人才加入？

③ 撰写时需注意的问题：先写出来，再不断优化，成为一句激动人心的口号。不要泛泛而谈，不知所云，没有自己的特色。

④ 如果当你的客户都可以说出你企业的使命时，这肯定是一个令人自豪的使命。

【案例1】拆解SHEIN的使命：人人尽享时尚之美

人人：

产品上，款式多，人人都喜欢穿。

地域人群上，开辟全球站点，产品畅销全球。

价格上，物美价廉，人人都能穿得起。

尽享：

为了实现人人喜欢穿、愿意穿、穿得起，SHEIN采用"小单快返"的供应链模式，建立本土化工厂、海外仓等，给消费者提供性价比高、丰富、快速的服装选择，让所有人都能够在最短的时间内，尽情享受到喜欢的服饰。

时尚之美：

以时尚服装为根基进行时尚品类的扩张。

人人尽享时尚之美，这是SHEIN永恒的追求，没有最好，只有更好。

第一关 – 通关作业

1. 请选取以下企业,分析哪个使命写得激动人心,哪个使命不足以牵引企业发展,为什么?

① 极致飞跃的使命:为全球儿童创造快乐

② 阿里巴巴的使命:让天下没有难做的生意

③ 赛维的使命:让美好生活触手可及

④ GE 的使命:让世界亮起来

⑤ 迪士尼的使命:让世界快乐起来

⑥ GUCCI 的使命:为引领潮流而生

⑦ Qeelin 珠宝:为世界带来最好的中国当代设计

_____

_____

_____

_____

2. 请按照撰写使命"5W"法,重新思考你企业的使命,并拆解出其驱动企业成长的内在逻辑是什么?(参考 SHEIN 的使命案例)

我们是谁(Who):_____

我们为了谁(Who):_____

我们提供什么(What):_____

我们要达到什么目标(What):_____

我们为什么要这么干(Why):_____

本企业愿景:_____

第二关　北极星
愿景

愿景是企业的导航系统，知道往哪走才能承受一切横逆。

第一步：理解愿景"三要素"

愿景三要素分别是："北极星"、可视化和时间线。愿景"三要素"如图 1-8 所示。

图 1-8　愿景"三要素"

"北极星"：愿景的出发点是企业自身，是企业在一定时间内希望做成的样子。例如，SHEIN 的愿景是"创立世界级快时尚品牌平台"，腾讯的愿景是"最受尊敬的互联网企业"。在创业前路艰难、充满迷雾、发生矛盾冲突的情况下，盯紧"北极星"，就不会迷路。有愿景的公司不会把竞争对手放在很重要的位置，而是更关注于如何超越自己。

可视化：愿景能够描绘清楚企业的核心理念和未来蓝图是什么样子的，能够把一个抽象的概念，转化成一个全员看得懂的图画。也就是我们常说的，能够被实现的目标是愿景，不能够被实现的目标就是画大饼。

时间线：企业的愿景时长通常设置为10年，太长了不够具体，太短了不够具有远见。围绕着企业使命不变的同时，愿景可以不断修正、调整、更新。

第二步：撰写愿景"五维思考法"

撰写愿景"五维思考法"如表1-2所示。

表1-2 撰写愿景"五维思考法"

时间	业绩	产品	市场	品牌影响力	团队
3年					
6年					
10年					
输出愿景：					

验证企业愿景的五个问题如图1-9所示。

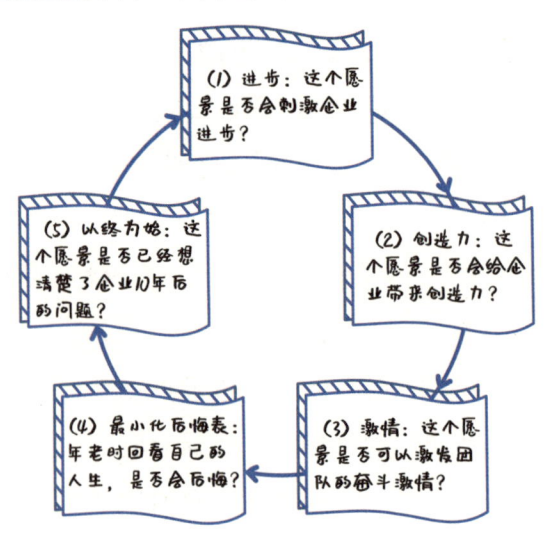

(1) 进步：这个愿景是否会刺激企业进步？

(2) 创造力：这个愿景是否会给企业带来创造力？

(3) 激情：这个愿景是否可以激发团队的奋斗激情？

(4) 最小化后悔表：年老时回看自己的人生，是否会后悔？

(5) 以终为始：这个愿景是否已经想清楚了企业10年后的问题？

图1-9 验证企业愿景的五个问题

CEO 王旭提问：我为公司写下的愿景是"成为欧美玩具行业的知名品牌"，这个愿景好不好？

注意以下几点：

① 是否符合愿景的"三要素"。

② 一个好的愿景：让员工及上下游伙伴觉得有意义，并且认可；让员工有为这个愿景奋斗的动力；能吸引志同道合的优秀人才加入。

③ 撰写时需注意的问题：不能大而空，没有数字，没有时间。

④ 不妨去问问你的员工，他们能说得出企业愿景吗？他们相信这个愿景能够实现吗？

【案例2】拆解阿里巴巴的愿景

追求成为一家活102年的好公司。我们的愿景是让客户相会、工作和生活在阿里巴巴。到2036财年，服务全世界20亿名消费者，帮助1000万家中小企业盈利及创造超1亿个就业机会。

追求成为一家活102年的好公司

阿里巴巴1999年创立，1999年是20世纪的最后一年，102年之后将跨入22世纪。马云说要成为一个能够跨越3个世纪的公司，最少要活102年。这代表着阿里巴巴想做一家基业长青的百年企业，足够让人激动人心。基于如此宏大的愿景，阿里巴巴会把目光放在如何活得好、活得久。

让客户相会、工作和生活在阿里巴巴

阿里巴巴坚持客户第一,员工第二,股东第三。阿里巴巴特别重视员工的福利、成长和价值。

到 2036 财年,服务全世界 20 亿名消费者,帮助 1000 万家中小企业盈利及创造超 1 亿个就业机会

有明确的时间数字,目标生动,方向指引,让客户、员工、股东都清楚了解到阿里巴巴到 2036 财年,要做成什么样子。

第三步:使命、愿景需要层层拆解,让每个成员清晰实现路径

联合创始人李丹提问,使命、愿景太务虚,员工感觉不到怎么办?

使命、愿景之所以被认为很大、很空、很虚,是因为它们看起来遥不可及,且没有被转化成切实可行的路径。使命需要被拆解为具体的长、中、短期目标,成为可视化、可操作的目标,可被每个岗位、每个人感知到的目标、制度和流程。

企业人人都有使命感,但每个人的使命不同,每个人都在为达成公司使命而实际行动着,阿里巴巴使命愿景拆解法如图 1-10 所示。

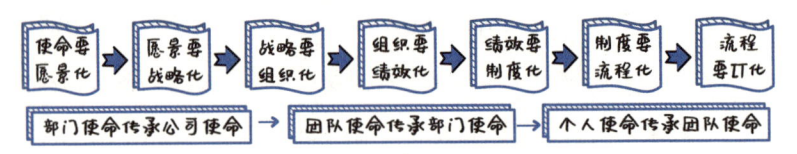

图 1-10 阿里巴巴使命愿景拆解法

【案例3】使命、愿景如何进行层层拆解?

阿里巴巴集团

集团使命:让天下没有难做的生意。

集团愿景:活102年。

B2B事业部—广东大区

大区使命:粤十年,粤天下。

大区愿景:成为集团人才基地,成为员工价值绽放的平台,人均产值500万元。

B2B事业部广东大区—广州区域

区域使命:乐活广州,精彩绽放。

区域愿景:亿立广州,月月千万。

B2B事业部广东大区—广州区域—标准战队

战队使命:让人人都成KP。

战队愿景:每个人能力提升,价值绽放;每个人能够自主运营商圈;健康完成年度2000万元的业绩。

如果让一个基层员工去实现"天下没有难做的生意"很难,但是努力让自己成为KP,他可以做到。

第二关－通关作业

1. 请选取以下企业，分析哪个愿景写得好，为什么？

① 极致飞跃愿景：成为欧美玩具行业知名品牌

② SHEIN愿景：创立世界级快时尚品牌平台

③ 安克：塑造一组标杆品牌，希望把自己的产品打磨好，提供给全世界消费者非常好的体验，最后成为一家全球品牌的公司。提供一组基础服务，希望把过往好的经验给到未来的合作伙伴以及中国的同行，能够给中国的企业出海赋能

④ 迪士尼：成为全球的超级娱乐公司

⑤ 苹果公司：让每人拥有一台计算机

⑥ 麦当劳：控制全球食品服务业

_____

_____

_____

_____

_____

2. 请按照愿景制定"五维思考法"，重新思考写下你企业的愿景，并拆解出其背后驱动企业成长的逻辑。

3年：_____

6年：_____

10年：_____

企业愿景：_____

3. 以你公司的某个部门为例，将公司的使命愿景拆解至岗位。

公司愿景：_____

部门愿景：_____

岗位愿景：_____

引力　第三关
战略定位

战略定位是企业的定海神针，知道做什么，放弃什么。

第一步：什么是战略定位？

确定了企业的终极目标（使命）和长期目标（愿景），接下来需要明确企业的战略定位。

战略定位是指，在对企业的外部竞争环境进行有效评估、对自身的资源情况及核心优势进行客观判断的基础上，确定企业的长期竞争方向。

战略定位强调在正确的赛道上，做正确的事，有明确的、差异化的、占据客户心智的位置。在危机和诱惑面前，知道该做什么，不该做什么，是一个关于"选择"的议题。

例如，前文提到的美国西南航空，其从成立到今天的40多年间，战略定位关键词从未变过，一直是低票价、短程航线、运营高效、卓越服务。战略定位的一致性，帮助西南航空多年来在低成本策略和短程航线上积累了不可动摇的资源和运营能力。乘客也对西南航空有了清晰的品牌认知，想要享受低价、服务好的短程飞行,就选择西南航空。

更重要的是,当竞争激烈化,其他航空公司也开始做低价、开始拓展海外航线,西南航空虽有动摇,最终还是选择一直坚持低价、短程航空的定位。直到西南航空成立28年后,才慎重拓展了第一条飞往墨西哥的海外航线。对战略定位的坚持,减少了西南航空的决策风险和机会陷阱。

企业的战略定位不能随意改变,但每年的战略和战术会根据实际情况动态调整。战略定位也决定了企业的总体经营战略、业务层的竞争战略和各职能层的竞争战略,是一层层往下落的过程。战略定位下沉如图1-11所示。

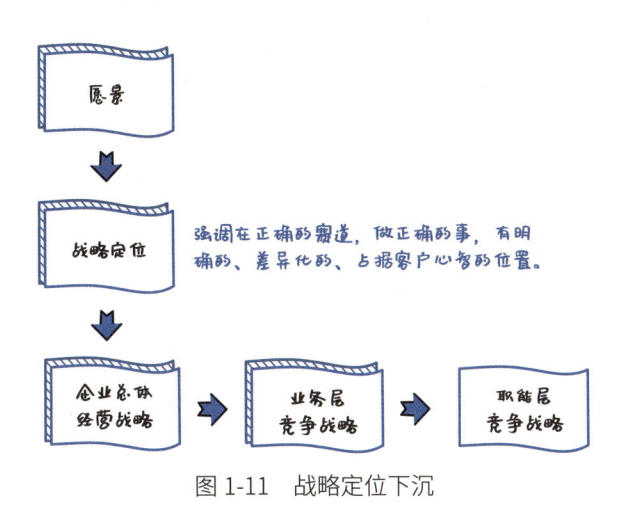

图1-11 战略定位下沉

第二步：制定战略定位"435"法

战略定位"435"法如图1-12所示。

① 战略定位应与企业的使命和愿景一以贯之。
② 战略定位需确定服务范围。
③ 战略定位需明确企业的定位策略。
④ 战略定位的表达应简练、直击人心地描述用户价值。
⑤ 战略定位应体现品牌态度，体现出与目标消费者一致或相似的个性。

① 领导者定位：成为第一，确保客户的第一自然联想地位。
② 聚焦差异化定位：专注、更专注，聚焦低价、高端、定制化等差异化定位，占住一个细分领域。
③ 开创新品类定位：开创一个新品类，占据制高点，不与任何竞争对手正面竞争。

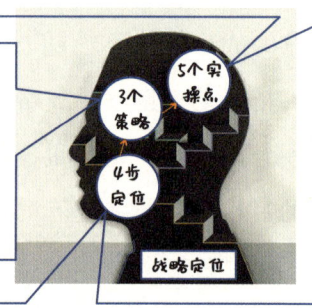

特劳特"定位"理论运用：
① 界定竞争。对外部环境、市场受众等关键要素进行评估，找出竞争对手，分析竞争对手的价值。
② 找到定位。找到自己的最强优点，以及避开与同行竞争的弱点，确立企业的优势位置。
③ 信任。为这一定位寻求一个可靠的证明。
④ 匹配落地战略。从组织人才、市场渠道、公关传播、营销策略、产品研发等方方面面确保资源的更优配置，从而保障定位战略的有效落地。

图1-12　战略定位"435"法

【案例4】优秀企业的战略定位选择

安克创新：专注智能配件和智能硬件的设计、研发和销售，在全球市场塑造中国消费电子品牌，将富有科技魅力的领先产品带向全球消费者，弘扬中国智造之美。

小米：用极致的效率和性价比，让每个人能够享受科技的乐趣。

比亚迪：比亚迪业务布局涵盖电子、汽车、新能源和轨道交通等领域，从能源的获取、存储，再到应用，全方位构建零排放的新能源整体解决方案。

华为：华为是全球信息与通信方面的基础设施和智能终端提供商。华为致力于把数字世界带入每个人、每个家庭、每个组织，构建万物互联的智能世界：让无处不在的连接，成为人人平等的权利，成为智能世界的前提和基础。华为为世界提供多样性算力，让云无处不在，让智能无所不及。所有的行业和组织，因强大的数字平台而变得敏捷、高效、生机勃勃。华为通过AI重新定义体验，让消费者在家居、出行、办公、影音娱乐、运动健康等全场景获得极致的个性化智慧体验。

第三关 – 通关作业

1. 请重新思考企业的战略定位是什么并写下来,分析实现该战略定位必须具备的能力和资源是什么?

2. 跨境电商是快速变化的行业,你认为跨境电商企业的战略定位的一致性重要吗?如何平衡一致性与动态调整?

经过一天的时间,极致飞跃梳理出了企业的使命、愿景和战略定位。第二天,我们继续进行价值观和企业文化的落地和传承方面的实操辅导。

第二天的参与人员是:创始人团队、中高管团队代表、优秀老员工代表、HR,参与企业文化的群体共创。

第四关 土壤
价值观

价值观是企业的土壤，滋养一切，使企业自由、稳健生长。

第一步：理解价值观"三要素"

价值观"三要素"分别是：土壤、行为准则和虚事实做。价值观三要素如图 1-13 所示。

图 1-13 价值观"三要素"

土壤：价值观是企业的土壤，什么样的土壤决定了会孕育出什么样的企业。土壤越肥沃，根扎得越深，越能造出各种可能性。例如，字节跳动的价值观之一是"始终创新"，造就了其强劲的内部创新能力，使其有"App 工厂"之称。而价值观不对的人，不管能力再优秀都不能用，不然级别越高，对组织的破坏力越大。

行为准则：价值观是公司为了实现公司的使命和愿景，对全体员工的行为要求，是人人都必须遵守的企业游戏规则。但价值观是自上而下的，管理层践行得好，才有可能推广给员工，如《基业长青》中说，核心价值观是领导力的影子，职位越高，投射的影子越长，对企业的影响越大。

虚事实做：做实价值观，需要把价值观转化为员工行为和组织行为，匹配相应的制度加以评估和考核。

第二步：共创价值观

企业价值观一定是 CEO 价值观的体现，企业的核心文化也是 CEO 的文化取向。但随着企业快速发展，越来越多的声音进入，CEO 也存在一定的短板，这时候我们需要团队火种般的人才一起共创价值观，将个体智慧凝聚成团队的"共识机制"。企业价值观共创流程如表 1-3 所示。参与人：CEO、创始团队成员、优秀中高管代表 2 名、优秀老员工代表 2 名及 HR。

表 1-3　企业价值观共创流程

1. 需要员工怎么对待客户和合作伙伴？	2. 需要员工怎么对待公司的业务、产品？	3. HR 需要员工怎么对待团队？
4. 需要员工对自己有哪些要求？	8. 新的价值观	5. 原先的价值观是什么？
	（1）价值观数量以 3～8 个为最佳，不宜太多或太少； （2）价值观综合了 CEO、创始人团队成员、优秀中高管代表、优秀老员工代表的思考产出，但最终以 CEO 拍板的为准	
6. 原有价值观未能满足的是什么？	7. 需要改变的、新增的价值导向是什么？	9. 新价值观落地行动计划
价值观以外的其他行为准则及诠释：		

第三步：价值观考核

极致飞跃提问：价值观落实不下去，怎么办？

问题在于：

其一，没有把价值观具象化，即价值观没有转化为员工能够理解和践行的行为标准，并进行分级细化。

其二，不对价值观进行考核或进行激励，等于形同虚设。价值观的考核，我们接触过两类企业，一类企业是有KPI的，它们把价值观纳入整体绩效制度中，大多跨境企业的价值观占比10%~20%。另一类企业采取OKR制度，团队自驱力强，会在年中或年底举行价值观大赛，颁发价值观大奖，对标杆价值观行为进行激励。价值观落地设计及考核如表1-4所示。

表1-4 价值观落地设计及考核

价值观维度	评价标准	分值	行为举例	获得分值
拥抱变化	适应公司的日常变化，不抱怨	1	为应对企业自身和外部环境的变化，积极接受公司组织架构的调整，并投入到新的工作岗位中	1
	面对变化理性对待、充分沟通、诚意配合	2		
	对因变化产生的挫折和困难能自我调整，并正面影响和带动同事	3		
	在工作中有前瞻意识，建立新方法、新思路	4		
	创造变化，并带来绩效的突破性提高	5		

【案例5】如何打造具有超强战斗力的企业文化：字节跳动的"字节范儿"

1）始终创新

保持创业心态，始终开创而不守成，创新而非依赖资源；

敏捷有效，简化流程，避免简单事情复杂化；

对外敏锐谦逊，避免自满或有优越感。

2）多元兼容

欣赏个体多样性，聚焦人的核心特质；

全球视角，理解不同文化、观点和实践；

善意假设，默认开放信任，有效合作。

3）坦诚清晰

表达真实想法，不怕暴露问题，反对"向上管理"；

准确、简洁、直接，少用抽象、模糊、空泛的词；

就事论事，理性沟通，避免主观臆测和清晰化表达。

4）求真务实

独立思考，刨根问底，找到本质；

直接体验，深入事实，拿一手数据或信息；

不自嗨，注重实际效果。

5）敢为极致

敢于为了更好的结果明智地冒险，注重整体ROI；

尝试多种可能性，在更大范围里找到最优解；

追求卓越，坚持高标准，不仅做了，更要做好。

6）共同成长

相信并认可使命和愿景,基于使命愿景自驱;

面对短期波动有耐心、有韧性,共同解决问题;

持续学习,不设边界,与组织一起成长。

第四关 – 通关作业

1. 创始人团队、中高管团队代表、老员工代表、HR 一起参与共创,按照本关步骤,重新思考企业的价值观、价值观的评价标准和行为举例。

2. 选取一家你喜欢,或者对标的企业,分析其企业价值观。

3. 当企业的有功之人违背了价值观,作为 CEO 你会怎么做?

空气
企业文化落地　第五关

让企业文化像空气一样，存在于我们的周围。

使命、愿景、价值观及其行为标准共同决定了一家企业的文化。

企业文化，犹如空气，看不见、摸不着，却能闻得到。众所周知，阿里巴巴设置了"闻味官"，招聘新人时会闻这个人的味道对不对，如果味道不对，进来也很难影响他，甚至会污染本来的空气环境。"闻味官"也会定期观察团队表现出来的行为举止，是否符合公司的文化，如果有不好的味道就要及时调味。

空气好不好，还可以被闻到。阿里巴巴还要求管理者都能够"摸温度"，及时感知团队状况、团队士气。如果过于低落，就需要想办法振奋；如果高烧不退，就需要泼点冷水降降温。

企业文化传承得好，润物细无声；传承得不好，只会沦为贴在墙上的标语，说教员工的枷锁，而无法得到传承。

（一）企业文化落地六部曲

企业文化落地"六部曲"如图1-14所示。

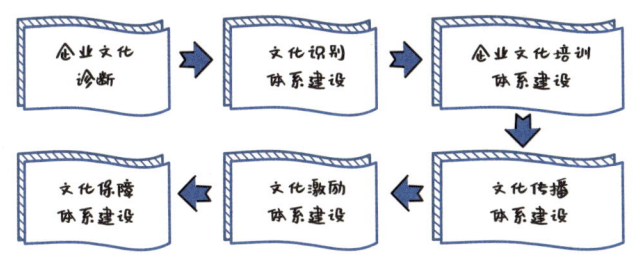

图 1-14　企业文化落地"六部曲"

1. 进行企业文化诊断

• 目的：诊断企业的文化现状，高层达成共识。

• 方法：HR 团队发起企业文化调研问卷并进行诊断。

• 工具：麦肯锡 7S 模型及 7 大问题清单。

• 输出：判断组织风格，形成《企业文化报告》。

2. 文化识别体系建设

• 精神层：制定使命、愿景、战略定位、价值观及行为准则。

• 行为层：制定《企业文化手册》《员工行为规范》《企业文化视觉识别规范》等。

• 形象层：建立对品牌文化的认知，制作标语、标识、文化墙、展板、音视频等各类资料。

3. 企业文化培训体系建设

• 企业文化培训课程开发：新员工培训、管理层培训。

• 企业文化考试。

• 企业文化内部讲师培养。

4. 企业文化传播体系建设

搭建"五入一体"的传播体系：入脑、入眼、入耳、入手、入心。

5. 企业文化激励体系建设

• 定期价值观考核。

• 榜样激励：优秀文化案例选拔、文化传播大奖、组织氛围激励。

6. 企业文化保障体系建设

• 企业文化能落地的四个原则：能够引发全员共鸣；有广泛的参与性；长期规划，具有持续性；游戏化创新，带来文化的深刻体验。

• 组织保障——企业文化建设小组，成员建议：HR部门、老员工、一线员工代表。

（二）企业文化落地与传承的纽带——仪式感

中国的历史经验，说明了一个很重要的道理，就是文化的落地，需要"礼仪"，换成我们现在的表达，就是需要仪式感。如果说文化是灵魂，那么仪式感就是身体。一个有仪式感的社会、家庭和个人，其幸福感相对来说都会更高。

为什么节假日的时候，各个知名景点都人满为患？因为节日是一个引起情绪共鸣的关键仪式感时刻。在节日里，人们可以感受和表达快乐，感受和创造新的变化，感受和萌生新的力量。

中国仪式感最强的节日是春节。人们从五湖四海回家团聚，各种礼物、美酒、美食，慢慢拉开仪式感的大幕：家家户户放鞭炮，点燃烟花，那响彻大地的声音，让所有人暂时放下包袱，迎接新的自己；然后大家一起挂上红红火火的灯笼，贴上吉祥如意的对联，打开五颜六色的灯光,营造欢乐祥和的氛围,表达喜悦;还有守岁、迎财神、舞龙狮等。每个沉浸式的"游戏"环节走完,都让春节的快乐更加立体饱满……正是因为春节有各种各样的仪式感和游戏,所以春节才能成为全民狂欢的节日。春节的仪式感如图1-15所示。

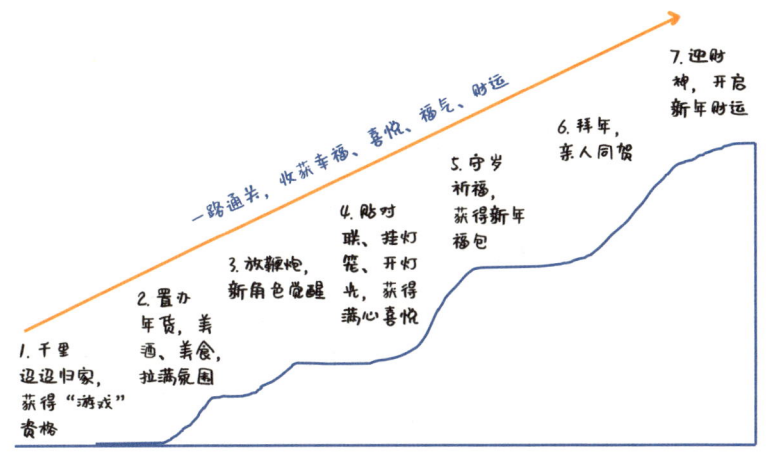

图1-15 春节的仪式感

我们在企业内部,也可以营造各种关键时刻和节日的氛围,让团队产生情感共鸣,焕发新气象。具体做法有以下几种。

1. 企业发展历史仪式感

对于企业发展的团队老照片、企业的关键会议、企业的关键成果、企业的价值观演变、企业的战略变迁等,都可以保存相应的素材,形成企业的电子历史博物馆。企业可以时刻生动地向团队展示企业的生长力量和信念,让不忘初心真正有据可依。

2. 企业的人才仪式感

对于新人的加入,设计新人欢迎仪式、新人培训体系、新人融入体系、新人转正仪式等,让新人更为顺畅地完成从局外人到企业人的转变。

对于杰出员工,围绕价值观和管理哲学,全方位设计荣誉仪式感。杰出的新人庆祝仪式,创新的庆祝仪式,突破性的成就庆祝仪式等,让团队渴望价值观成就事件的爆发。企业围绕全员成长,设计企业的培训仪式感,各个部门、各个战线、各个层级的同事,都能每年获得成长和认证。

3. 企业的关键时刻仪式感

企业的战略发布会,是一个非常重要的时刻。企业可以把战略发布会根据高层、中层和员工,做不同的环节设计,如高层的眼界风格战略共创、中层的沙盘演练式战略解码、基层的游戏化战略探秘等,再配合场景元素、欢乐元素将战略的同频设计成有趣的互动环节,并且固化成为企业的特殊时刻。让团队每年都渴望这个时刻的发生。

企业的表彰大会,可以与年会同步举行,营造团队的丰收庆祝仪式。公司的成立纪念日,这一天,可以策划不同内容的节目形式,通过创意、新颖、有趣的方式,如时空穿越、今天我是CEO、公司趣味花絮集锦、公司每年度最美的微笑等,让所有人感受到企业的文化和力量,加强对企业过去和未来的理解。

仪式感设计好之后,最怕仪式感流于形式,老生常谈,枯燥无味。其实,我们设计的只是仪式感的框架,核心在于仪式感的目的。仪式感的形式,每年都要追上潮流,根据同事心理、兴趣点展开。企业甚至可以发起文化策划比赛,发挥全员的智慧,设计出同事热爱的文化活动。

【案例 6】增量企业文化环：找到引发共鸣的方式

企业文化环如图 1-16 所示。

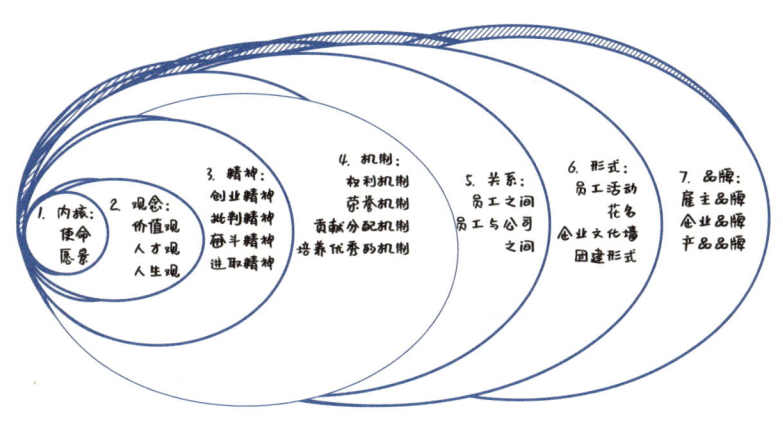

图 1-16 企业文化环

1. 内核：使命 愿景
2. 观念：价值观 人才观 人生观
3. 精神：创业精神 批判精神 奋斗精神 进取精神
4. 机制：权利机制 荣誉机制 贡献分配机制 培养优秀的机制
5. 关系：员工之间 员工与公司之间
6. 形式：员工活动 花名 企业文化墙 团建形式
7. 品牌：雇主品牌 企业品牌 产品品牌

文化志愿者：在企业内部，定期征集不同的志愿者加入企业文化创意的落地和实施中，让企业文化真正触动参与者。

企业文化墙：设计企业文化墙，构建使命、愿景、价值观的演变图，让每个员工都清晰了解演变历程，并且呈现不同阶段点亮企业的使命之星、价值观之星。

做培训：将文化培训纳入培训体系。新员工培训的第一堂课由创始团队讲，聊企业的使命愿景、初心，以及企业发展中那些艰难和激动人心的故事。

讲故事：将抽象的理念，提炼成一个个性格饱满的价值观故事进行宣讲。

树典型：将企业优秀员工的案例故事在公司内进行宣讲，把难以量化的行为以具体的形象呈现。

办内刊：将企业文化宣传与企业品牌宣传、员工教育进行卓越成效的结合。

花名：围绕企业文化和氛围，建立企业独特的花名机制，如武侠风、历史风、动漫风等。

宣传片：企业公共空间轮播企业文化宣传片、张贴价值观漫画或海报等。

VI（视觉识别）设计：加强企业文化衫、会议室等公共空间和物品的设计。例如，会议室以武侠风、星座、年龄等形式命名。

办活动：定期举办企业文化专场活动，举办专题竞赛、沟通类活动、知识类活动、文娱类活动、竞技类活动、互评类活动、艺术类活动、人文关怀类活动、团建拓展类活动等，让企业文化深入人心。

认可机制：将员工的工作行为、价值观等以积分的方式进行量化，根据积分累计结果进行排名，与员工弹性福利、年终调薪、评优评先、人才池建立等方面挂钩，形成新的长短效评价和分配机制。

将关键目标/事件赋予文化：例如，公司想突破一个新的领域，可以将计划命名为"开荒计划""淘金计划"，赋予开荒小组以责任感和拓荒精神。深圳元鼎科技，将拓展新市场定义为"南泥湾计划"，会让人不自觉地践行艰苦奋斗的精神；如某场关键性会议，可以命名为"深圳湾会谈"，使会议结论被广泛铭记。

HR 贝蒂提问：如何讲好企业文化故事，让故事深入人心？

凝练成一个词语或者成语的企业文化，能够被员工、被外界传唱的概率并不大，但企业故事的传播力却不容小觑，特别是创始人的创业故事、价值观故事等。例如，马云与十八罗汉的创业故事、海尔张瑞敏怒砸冰箱的故事，这些故事是企业文化深入人心的最好体现。

企业文化的传播需要故事，战略愿景的内外传递需要故事，榜样人物的塑造也需要故事。如何讲好一个故事？下面提供两个故事叙事模型：

（1）简单文化故事，采用"故事五要素"模型，如图1-17所示。

情景 ➡ 冲突 ➡ 行动 ➡ 疑问 ➡ 结局

图1-17 "故事五要素"模型

情景（Situation）：故事由大家都熟悉的情景或事实引入。

冲突（Complication）：故事的实际情况与我们的普遍认识发生冲突。

行动（Action）：主人公是如何做的。

疑问（Question）：主人公为什么要这样做。

结局（Result）：最终形成一个什么样的共识或解决方案，带来的结果是什么。

在整个故事的塑造和讲述中，必须情节真实，结构清晰；细节烘托，引发普遍共鸣；最后，带来观点启发和文化沉淀。

（2）复杂文化故事,采用"英雄之旅"模型,如图1-18所示。

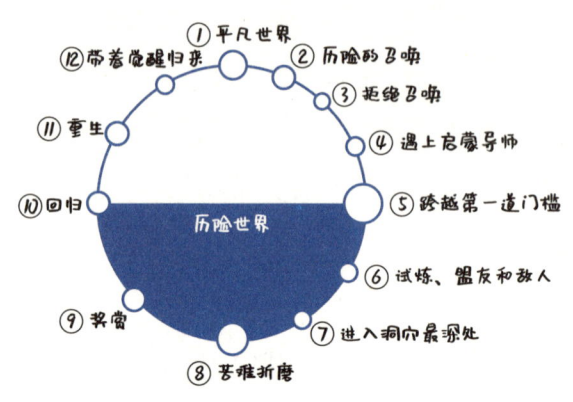

图1-18 "英雄之旅"模型

约瑟夫·坎贝尔在其著作《千面英雄》中提出了"英雄之旅"模型。"英雄之旅"模型讲述了一个普通人面对挑战,历经艰辛,最终取得成功,并蜕变成为英雄的故事。"英雄之旅"模型既是对个人成长模型的思考,也是讲好一个故事、打造个人IP的好路径。

【启程】

① 平凡世界:主人公生活在平凡世界里,表面看似和谐美好,但不好的事物正在生长。

② 历险的召唤:主人公遇到特殊事件或人物,平凡生活即将被打破。

③ 拒绝召唤:主人公面对召唤感到犹豫或拒绝。

【启蒙】

④ 遇上启蒙导师:自卑的主人公遇到人生导师,获得了

历险所需要的资源、知识和自信,终于开始改变自己。

⑤ 跨越第一道门槛:主人公全身心地投入冒险中,获得小胜利,但也遭遇了更大阻碍。

⑥ 试炼、盟友和敌人:主人公探索这个新的特殊世界,面对试炼时,结交朋友、遇到敌人。

⑦ 进入洞穴最深处:主人公接近故事和新世界的终点。

【考验】

⑧ 苦难折磨:主人公面对最大的挑战并且经历死亡和重生。

⑨ 奖赏:主人公从死里逃生中得到的结果。

⑩ 回归:主人公回到原来的世界或者继续他的终极目标。

【归来】

⑪ 重生:英雄经历死亡和重生的最后瞬间,英雄被净化并重新回到自己的世界。

⑫ 带着觉醒归来:英雄回到原来的世界,并且带来一些能让世界变得更好的东西。

(三)企业文化如何应用于招聘?

文化匹配度高的员工表现更好、任期更长;文化匹配度低的员工士气降低、冲突增加,员工离职率会变高。企业提高"人员 - 文化"匹配度的三个步骤。

1. 真实展现企业文化,向面试者清楚描述

- 企业目标:我们为什么而奋斗?
- 企业价值观:我们的做事行为准则是什么?

- 企业氛围：工作氛围如何？现有员工一般是什么类型？
- 企业吸引力：我们的企业为什么是一个有吸引力的组织？

2. 设置企业文化面试题

以企业文化为依据进行相关面试问题的设定，判断出面试人员的性格、领导风格、胜任力等内在人格。

3. 双向筛选

评估潜在候选人的价值观、信念和态度是否符合企业文化。如果不符合，能力再强也不能要。

企业文化面试题举例如表 1-5 所示。

表 1-5　企业文化面试题举例

责任感 与 使命感	1. 你将给我公司带来的最大财富是什么？ 2. 你是如何不断使自己的工作更有价值的？ 3. 你做过的最有成就感 / 最失败的项目分别是什么？详细阐述。 4. 如果赋予你超能力，你会选择能隐身还是能飞？
客户 第一	1. 当客户提出的要求会伤害公司的产品时，你会怎么办？ 2. 客户向你寻求帮助，但是你没有决策权，事情紧急，你会怎么处理？ 3. 请举例，你与客户沟通过程中的一次愉快 / 不愉快的经历。 4. 请讲一下你最成功的一次销售经历，你认为客户为什么会购买你的产品？
团结 协作	1. 当你的意见与团队其他成员不一致时，你会怎么做，请举例说明。 2. 你最擅长与哪一类人沟通？ 3. 你的同学 / 最好的朋友取得了比你好的成绩，你会怎么办？ 4. 你喜欢什么样的团队氛围？ 5. 你在团队中扮演什么角色？你对团队的贡献是什么？

续表

| 追求创新 | 1. 为什么井盖是圆的？
2. 你最富有创造性的工作成果是什么？
3. 请谈谈最近两年你在工作中主动实施的一个新方法。 |

【案例7】企业文化落地：共登元鼎山

以往讲到企业文化多列举华为、阿里巴巴等大企业案例，这里我们选取跨境电商行业的优秀企业——深圳市元鼎智能创新有限公司。

（1）企业介绍。

深圳市元鼎智能创新有限公司（简称"元鼎科技"）是一家专注于智能清洁产品核心技术研发和全球品牌销售的公司，旗下有智能泳池机器人、割草机器人、工业清洁机器人、家庭储能设备等智能清洁产品，拥有多项发明专利、实用新型专利和全球外观专利。产品多次获得德国红点设计奖、美国CES创新产品奖、IF设计奖、IDEA设计奖等国际工业设计大奖，并多次获得深圳市工业设计创新成果及文化创意产业发展的专项奖励。

使命：清洁世界

愿景：成为引领室外智能清洁行业的全球品牌

战略定位：专注于智能清洁产品的核心技术研发和全球品牌销售

（2）创始人故事：从"圆顶山"到"元鼎山"（见图1-19）。

元鼎科技创始人兼CEO汪洋会向每届新员工讲述"元鼎山"

的故事：

我应该是最早期的留守儿童，来自重庆大山里一个偏远的村子——圆顶村。村子因为背后的圆顶山而得名，这座山与其他山不同，它没有山峰，只有圆形的山顶，所以叫"圆顶山"。

小时候，家里非常贫穷，父母为了改善家境、供我上学，只能外出打工。儿时的记忆就是肚子饿和肚子疼，饿了就吃泡菜，吃了又太咸，就喝山里的生水，然后肚子疼。但每年有一天我可以吃饱，就是大年初一。村里的习俗是大年初一一起登上"圆顶山"，大家都会带吃的，都会分一些给我。我就吃百家饭，那天一定可以吃饱肚子，所以"圆顶山"在我心中就代表"不饿肚子"和"幸福生活"的地方。

创业那一刻，我就觉得只有通过分享才不会"饿肚子"。我不想公司和其他传统公司一样，像金字塔一样，老板一人高高在上，员工全在山脚下。我愿意削掉"山顶"，把公司做成所有人共创共享的平台，为了一个共同的目标，一起去全力攀登，然后跟大家一起分享成果、成就和荣耀，一起"仰望星空"，这样的企业才有灵魂。所以"共创共享""相互成就""共登元鼎山"就成了我们元鼎人的创业初心和共同追求。

期待你我携手同行，一起"共登元鼎山"，实现人生价值！

图 1-19　共登元鼎山

（3）元鼎的人才战略(见表 1-6)。

表 1-6　元鼎的人才战略

类别	表现	简称	激励
TOP 20%	绩效产出排在前 20%，有意愿，有能力，自我发光，互相成就，是企业文化和价值观践行、宣传的典型代表	钻石	给利：基于利益的分享机制，享受 70% 激励资源中的 80%，有望获得股权 给权：基于权力的分享机制，获得更高的职位 给名：基于荣誉分享机制，获得更高的名誉，有望成为合伙人
7+：腰部的前 10%	绩效产出排在腰部的前 10%，是企业文化和价值观的优秀伙伴，具有脚踏实地和勤奋刻苦的品质，具有较强的专业知识和专业技能，具有较强的执行和团队协作能力	黄金	给利：有望进一步晋升为"钻石"，享受 70% 激励资源中的 20% 待遇：给予差异化的福利待遇 创造：创造重要的挑战机遇

第二部分　卓越企业的 15 阶增量之旅　083

续表

类别	表现	简称	激励
7：腰部的50%	绩效产出排在腰部中部的50%，具有脚踏实地和勤奋刻苦的品质，能良好践行公司的企业文化和价值观，具有较强的专业知识和专业技能，具有较强的执行力和团队协作能力	白银	激励：获得30%激励资源的主要部分 赋能：给予充分的培养，以提升能力 机会：给予多种挑战机会，助力其脱颖而出
7-：腰部的后10%	绩效产出排在腰部的后10%，对公司的企业文化和价值观认同感不强，专业知识和专业技能较弱，执行力和团队协作能力较差	青铜	激励：获得30%激励资源的少部分 改进：实施绩效改进计划 赋能：获得针对性培训
末尾10%	绩效产出排在末尾10%，即便业务能力很强，但不认同公司的企业文化和价值观，专业知识和专业技能较弱，执行力和团队协作能力差，没有主动学习意识和习惯，没有创新意识，排斥变化	乱石	优化：实施末尾优化机制（转岗、降职、培训、淘汰等）

（4）元鼎价值观：诚信、感恩、创新、至美、主动、有为、共创、共享。

诚 信　对己以诚，对人以信

【诚信，包含"诚"和"信"两方面】

诚，即坦诚正直，表里如一、真情实意，对己以诚。

诚实地面对自己的内心，真实地表达自己。口中所说就是心中所想，工作和生活中表现出来的就是真实的自己，没有虚假、隐瞒、掩盖、美化等不能反映真实内心的行为。

信，即遵守承诺、言行一致、保持确定性、信赖伙伴，对人以信。

踏实靠谱，答应别人的事不管困难再多再大也一定做到；遵守、重视每次承诺，所说的和所做的保持一致；不给伙伴制造不确定性，如提供信息、反馈问题、给出建议等不含糊不清；对伙伴要有充分的信任，将"后背"交给伙伴，并保护伙伴的"后背"。

1分	2分	3分	4分	5分
言行一致	不传负面消息	承担责任	直言不讳	诚信标杆
不弄虚作假，杜绝人前一套背后一套	不传播未经证实的消息和对他人的议论、诽谤	出现问题时，如果是自己的责任就直接承担，不逃避推诿	发现同事、部门、公司需要改善之处时，直接指出，可附带改进建议或方案	能持续一贯践行以上标准，发现不诚信行为时及时制止，成为诚信标杆

感 恩　　感恩他人，也感恩自己

感恩是对他人价值的尊重，是发自内心地对他人所提供帮助的感谢、感激，懂得感恩是元鼎企业文化的基石和原点。

感恩客户：客户是衣食父母，我们要永不停歇地为客户创造价值、提供最高品质的服务。
感恩伙伴：每个成就都是大家共同奋斗的果实，我们要努力帮助伙伴获得成长和成功。
感恩同行：有竞争才有进步，我们致力于营造良性的、互惠的竞争环境。
感恩社会：我们要积极承担社会责任，为社会的发展尽自己的力量。
感恩自己：感恩和欣赏努力的自己，通过奋斗成为更好的自己。

1分	2分	3分	4分	5分
不抱怨	**表达感谢**	**回报他人**	**团结互助**	**以客户为中心**
在工作中保持积极态度，不在任何场合抱怨：工作、同事、领导、公司	在工作中受到他人的支持和帮助时，能用适当的方式表达感谢，不觉得理所当然	用更好的工作成果更积极的配合支持、回报他人的帮助，使互相帮助成为彼此的荣幸	主动觉察到同事的工作配合需要，积极予以帮助，使同事获得更完美的工作成果	以客户需求和痛点为一切工作中心，用高质量的产品、高效的服务持续为客户创造价值

086　破局企业增量密码

创 新　　守正出奇，追求卓越

创新是不受陈规和以往经验的束缚，不断改进工作和学习方法，提出新理论、新观点和新措施，以及产出新产品或新成果的能力。

- 应对日新月异的变化和不断加剧的竞争，创新是我们赢得趋势的法宝。
- 要敢于向惯例或权威提出质疑，发现事物之间的潜在联系从而形成新的思路，敢于为制定新政策、采取新措施或尝试新方法承担风险，积极营造鼓励创新的氛围，对新观点、新方法的提出表示欢迎和鼓励。
- 唯一不变的就是变化，拥抱变化最好的方式就是创新。
- 敢于和鼓励改变、创新，包容创新所带来的失败，包容质疑。
- 行规、惯例不一定都是对的，"外行人"很有可能成为"外星人"，创造不一样的奇迹。
- "走老路去不了新地方"，保持对新事物、新观点、新方法的好奇心。

1分	2分	3分	4分	5分
拥抱变化	包容质疑	变革流程	应对变化	保持好奇心
坦然接受公司的各种变化，对创新不排斥	当伙伴对自己的工作方法提出质疑时，保持欢迎的态度，并积极与之探讨优化策略	在工作中主动创造新方法、新流程，并大幅提高工作效率	遇到未曾出现的挑战或新变化时，迅速灵活地运用已有资源作出反应，并妥善处理	不满足目前既有的成功或路径，世界是一份未曾拆开的礼物，我们要用不同的方式打开。要耐心寻找和创造，未来必定更加美好

第二部分　卓越企业的 15 阶增量之旅　　087

至 美　精益求精，创造美感

我们应坚持对工作成果完美品质的追求，在工作中始终秉持精益求精的精神。

- 元鼎的字典里没有"差不多"几个字，习惯做完美控、细节控，高品质的交付就是我们的名片。对产品，我们没有最好，只有更好。
- 对自己，每天装扮一下自己和办公桌，开心和微笑是最好的"化妆品"。
- 坚持"元鼎出品，必是精品"的要求，"功能好""品质优""颜值高"不仅是"元鼎产品"也包含"元鼎人"。

1分	2分	3分	4分	5分
行事规范	查缺补漏	稳定优化	超出期望	持续攀登
工作按照既定的操作规范或上级指示进行，无违规或错漏	按照计划和执行标准检查所负责项目，及时发现疏漏和缺点，并加以弥补	同样的问题不重复出现，持续提升工作质量	通过自身的努力，工作成果超出客户、公司的期望，并获得褒奖	今天的最好表现是明天的最低要求，不断超越自己，持续攀登

主 动　上前一步，舍我其谁

在机会和挑战面前，要有"上前一步，舍我其谁"的勇气，点亮自己，也激励他人。

- 任何外力的要求和管控都是不可持续的，只有内心追求并享受工作带来的愉悦感和征服更高目标带来的成就感，才能为职业发展提供永不枯竭的动力。
- 满足团队和客户提出的要求只是最基本的能力表现，真正的主动体现在自己设定并达成更高、更长远的目标，通过积极进取的工作状态影响和带动身边的同事。
- 主动的原动力是自我实现和自我要求，当个人目标与团队、公司愿景一致时，就有强大的主动力和自驱力。
- 积极主动的人是改变的催生者，他们发挥了每个人都有的四项独特的天赋——自觉、良知、想象力和自主意志，同时以由内而外的方式来创造改变，积极面对一切。他们选择创造自己的生命，做生命的强者。

1分	2分	3分	4分	5分
表现意愿	自定标准	改善绩效	带动他人	挑战目标
表现出把工作做好的愿望，整体工作状态积极向上	为自己的工作制定衡量进步的具体标准	根据自定标准，对部门现有工作进行改进，提高工作效率	持续保持积极进取的状态，形成榜样示范效应，对同事产生鼓舞作用	主动承担比以往更复杂、困难的任务，或提前取得高质量成果

第二部分　卓越企业的 15 阶增量之旅　　089

有为 目标导向，使命必达

以终为始，站在结果的角度考虑问题，没有结果的过程是无效的。

- 我们追求结果，但不要求一次性就达到完美，而是采用"先完成再完美"及"小步快跑"的方式不断进取。
- 要有事业心，在工作中有所作为，关注自身职业生涯的发展。工作不仅是谋生的手段，更是实现人生价值的途径；不能怀着"混底薪"的心态，杜绝"摸鱼"混时间。
- 元鼎科技为结果付薪，而不是辛苦。
- 成年人最渴望的奖励就是成功。
- 没有为团队、公司作出贡献的能力，对我们来说毫无价值。
- 坚持评估，找出并奖励有为的"钻石"，淘汰无用的"乱石"。
- 跟高绩效的人做朋友，共享成功。

1分	2分	3分	4分	5分
工作闭环	**克服逆境**	**有预见性**	**拿到结果**	**超越目标**
所负责的工作都有及时的过程和结果反馈，全局思维，形成工作闭环	身处逆境或工作中出现较难的问题时，勇敢面对并发挥主观能动性妥善解决	站在未来看现在，识别出部门或组织的未来机遇，并将其转化为新的目标和行动	过程直接指向结果，拿到结果才是真正的精彩，持续拿到结果才是真正的精英	不满足于目前的成果，我们的目标是星辰大海，不断调整自己的目标，实现从优秀到卓越的突破

共 创　同一目标，共同创造

一个人可以走得更快，但一群人才能走得更远，共创是一种为达到共同的目标所显示出来的自愿合作和协同努力的精神。

- 再天赋异禀的人也需要人配合支持，平凡的人就更需要聚合团队成员的力量，不分彼此地激发各自的潜力，共同奉献，才能干成不平凡的事。
- 我们看重每位员工个人的工作成果，但更强调团队的整体业绩。
- 强调整体业绩并不代表允许有人"搭便车""吃大锅饭"，我们倡导每位成员向团队中最优秀的伙伴看齐，通过良性竞争促进共同进步。

1分	2分	3分	4分	5分
参与合作	集思广益	建言献策	管理冲突	争取荣誉
能合群，与他人交流想法，参与公司活动及同事间的合作	在做决策、方案、计划的过程中，不独断专行，会征求团队成员的意见和建议	为提升团队效能积极提出意见和建议，经讨论后被采纳实施	当组织中出现冲突时，运用有效方式进行调解，不仅能使工作正常开展，还能加强冲突双方的配合度	通过自身的努力，帮助团队在公司，或公司在行业、社会中获得荣誉

第二部分　卓越企业的15阶增量之旅　091

共 享　价值共享，互相成就

元鼎是元鼎人的事业共同体，也是命运共同体，我们要用共同的荣誉、目标、责任来驱动我们的团队，让创造价值的人共同享受创业的成果，在这个过程中相互成就，让每个人都变得更好。

- 公司是价值创造者和价值分配者的平台，每个人所分享的成果都是自己努力的回报，而回报的多少取决于每个人军功章的数量。
- 共享和分配的内容包含荣誉、目标、责任、机会、工资、奖金、股权（期权）和其他人事待遇。
- 公司也是伙伴间相互成就的平台，在共同攀登元鼎山的过程中，我们倡导互相分享信息、知识、技能等各种有利于彼此成就的资源，互相扶持，最终一起登上山顶。
- "胜则举杯共庆，败则拼死相救"，不仅要共享成就，也要共担挑战和失败。

1分	2分	3分	4分	5分
信息同步	及时响应	赋能伙伴	分享资源	实现多赢
能将本职工作信息与对接部门和人员同步，未出现因信息同步不到位而引发的工作脱节	在职责范围内，认真满足其他同事提出配合支持的需求，未出现不响应需求或响应速度过慢的情况	将自己的专业知识、优秀实践等分享给团队其他人，促进大家共同成长	主动分享个人积累的资源，帮助同事解决工作中的关键问题	我们努力成为彼此的支撑，彼此协助，支持并实现多赢

（5）元鼎的"三大纪律"与"八项注意"。

"三大纪律"

- "味道"不对,不要放进来,赶紧请下车。
- 让"钻石"员工的综合收入处于行业顶端。
- 保持10%的末尾优化机制。

"八项注意"

- 要会算账:不是战略投入的亏损都是可耻的,人人都是经营者,每个人都要懂公司业务,都有挣钱和省钱的责任,时间也有成本。
- 要成功:成年人最渴望的奖励,就是成功;为结果付薪,而不是辛苦;没有为团队作出贡献的能力,对我们来说毫无价值。
- 不做"差不多"先生:追求极致和创新,主动有为,"差不多"先生会毁掉一个人和一个团队,一定要警惕"差不多"先生并远离他/她。
- 要坚持评估:每月或每次重要"战役"后要坚持评估,通过经营指标评估"打粮食"能力,通过组织能力评估"土壤肥力",这两项一样重要;每次评估都要分出"2/7/1",不做"好好先生",绩效考核占80%,企业文化考核占20%,企业文化考核不过关,一票否决。
- 有话直说:简单、直接、坦诚,有事说事,不绕圈子不说假话;直呼其名,平等是元鼎科技的基础,上下级、同事之间,可直呼姓名、花名,禁止叫"××总"。
- 你可以弹劾你的上级:如果你的上级不作为,无法带你成长和成功,你可以直接要求弹劾他,并可以竞选他的位置,这条包括公司创始人和创始团队。
- 团建要有酒:要搞真团建,不走过场;团队没有气氛,组织没有活力,主要责任在于这个团队的"一把手"。
- 离开时要好好说再见:如果绩效不好或味道不对,要及时告诉员工要么纠正要么去其他公司,要主动让他离开,对大家都好;好好说再见,因为江湖很小。

（6）成为元鼎人，学会元鼎江湖话：元鼎江湖话，行走江湖用。

- 学会抓牛鼻子
- 抬头望天，低头做事
- 做了？做成？做好！
- 先做队长，再做家长
- 今日因，明日果
- 将军都是战场里打出来的
- 成年人最渴望的奖励，就是成功
- 跟高绩效的人做朋友
- 打一场仗，评估一次团队
- 站在六个月后，来看你现在的团队
- 别让招聘成为一场数字游戏
- 每天打扮一下自己，不管是男生还是女生
- 学习欣赏他人和自己，学会真诚地夸奖别人和自己
- 警惕"各方都没错，但结果错了"的情况
- 我们不做"游牧民族"，要做"农耕民族"

第五关 – 通关作业

1. 建立你公司的企业文化仪式感矩阵,试用一段时间,并写下团队的改变。

_____
_____
_____

2. 根据公司的企业文化,试着写几个具体的企业文化故事,如创业故事、团队攻坚克难的故事、拿下第一笔订单的故事等。

_____
_____
_____

3. 为传承你公司的企业文化,设置对应的面试题,为公司筛选出合适的人才。

_____
_____
_____

4. 如果你也是跨境电商企业,元鼎科技"共登元鼎山"的企业文化给了你哪些启发?

_____
_____
_____

恭喜你,顺利通过本章的五关。

企业文化不是写出来、讲一次就行了,需要日日践行、厚积薄发,特别是公司创始人,需要反复讲、反复传达;管理者也需要把文化当作团队工作很重要的一部分。企业文化也不是一成不变的,需要不断迭代更新,满足企业不同发展阶段的需要。

第二章

战略制定层

顶层设计
增长飞轮与商业地图

第八关　第九关

穿越者
制定 1~3 年的战略目标

内核
理解战略大象

第六关　第七关

洞察
找到战略机会点

故事一：ofo，资本与梦想双输

2017 年，ofo 创始人戴威迎来了自己的高光时刻，ofo 的全球日订单量突破 3000 万单。戴威以 35 亿元的身价成为首个上榜 2017 年胡润百富榜的 90 后企业家。

戴威说："终有一天，ofo 会和 Google 一样，影响世界。"这句口号很快传遍互联网，正如 ofo 那句充满情怀的标语——让世界没有陌生的角落。但是，梦想无法拯救 ofo，变数来得如此之快，短短一年，ofo 调转爬升势头以落石般的速度跌落。

每次创业都是九死一生，创业者每次艰难的抉择都可能把企业带向未知的结局。戴威与 ofo 便是如此。

（一）成也资本，败也资本

2014 年 ofo 成立，2014 年 11 月戴威拿到了天使投资 100 万元。这时的 ofo 还在探索旅游骑行，为了让用户注册开始烧钱推广。别的公司注册一个用户送一瓶矿泉水，ofo 送脉动，每天要花 4 万元。

2015 年 4 月，ofo 账上只剩 400 元。2015 年 5 月，戴威又融资 100 万元，开始转型校内共享单车。2015 年 9 月，ofo 以戴威的母校北京大学为阵地开始试运营。上线一个半月，日订单量突破 3000 单。实业与互联网的结合在最开始的阶段总是伴随着补贴，数据增长的背后是对资金的疯狂消耗。

2015 年 10 月底，100 万元很快就烧完了。戴威又找到了 900 万元，ofo 完成了 Pre-A 轮融资。资本到位之后，戴威开始了大跃进。2015 年 11 月后，ofo 在北京五所高校引入共享单车，此时 ofo 已经拥有了 10 万名忠实用户，日订单量突破 10000 单。

2016 年 1 月 29 日，戴威接到了金沙江创投领航者朱啸虎抛来的橄榄枝，ofo 获得了大笔资金。但这远远不够，戴威雄心的背后，需要更多的资金快速跟上。

2016 年 2 月 8 日，ofo 启动 A 轮融资，金沙江创投和弘道资本一起投了 1500 万元。朱啸虎还介绍戴威与天使投资人王刚、真格基金徐小平认识，2016 年 4 月两人跟投了 ofo 的 A+ 轮融资，共 1000 万元。

因为采用重资产、重推广、高补贴的形式，钱烧得出乎意料的快。戴威又跑去找投资人，资本方答应投资，条件是 ofo 的订单量要达到日均 10 万单。为了达到这一条件，ofo 开始向上海和武汉扩张。2016 年 5 月 17 日，ofo 日订单量突破 10 万单。2016 年 9 月 2 日，由经纬中国领投，金沙江创投、唯猎资本跟投的金额高达数千万美元的 ofo B 轮融资达成。

2016年10月上旬，ofo又接受了资本1.3亿美元的融资。很多投资人不止一次告诉他：你只管跑到第一，钱的事你不用发愁。

公开资料显示，ofo在2016年10月到2017年7月共完成4轮融资，从C轮到E轮，融资金额超过12.8亿美元，约合人民币88.9亿元，投资方涉及十几个明星资本。在资本的加持下，2017年5月，ofo用户数量增加到3770万人。

2017年年初，戴威与软银集团掌门人孙正义完成第二次见面，戴威希望从软银这里获得18亿美元的融资。但软银对ofo的营收和盈利能力存疑，因此附了两个条件：首先，ofo要赶超摩拜，并且日订单量要达到3000万单；其次，需要滴滴（滴滴也是ofo的投资方）委派管理层协助ofo的组织建设。

急于融资的戴威全盘接受。为了尽快完成3000万单的日订单量，2017年3月ofo完成了4.5亿美元的D轮融资，一个月后，完成了D+轮融资。与之相对应的是，2017年3月，ofo每个月的单车采购量至少有300万辆，每辆车单价是500元，仅采购车辆的成本一个月就达15亿元。除了采购成本，在最辉煌的时候，ofo总部工作人员高达3700人，加上其他城市的工作人员，每月人力成本高达1.2亿元。如果要维持这种高速扩张，一个月至少要烧掉20亿元。所以到了2017年5月，公司又没钱了。2017年7月25日，滴滴三名高管进驻ofo。

终于，在2017年10月20日，ofo日订单量突破3200万单，软银提出的两个条件都达成了。但让戴威始料未及的是，软银失约了。软银看到ofo像一个填不饱的"吞金兽",果断放弃了。

经过这番波涛汹涌的资本乱战,ofo融不到钱了。戴威开始借钱,他向蚂蚁金服借了5亿元、向阿里巴巴借了5.2亿元。但这只是杯水车薪,他不得不用用户的押金为自己续命。一时间,"ofo没钱退押金了"的消息开始在网络上泛滥。

2018年3月,ofo又拿到了8.66亿美元的融资,但这已挽救不了大局。大量用户要求退钱,大量供应商因要不回合同款,而将其告上法庭。2018年12月17日,ofo上线退押金系统,待退押金规模在10亿元以上。

至此,ofo败局已定。三年时间,资本让ofo平地而起、横扫一切,也让戴威多年的成果瞬间化为乌有。

(二)创业者,只有自己才是自己的破壁人

企业失败的原因有很多,但成功的原因只有一个。要想一直立于不败之地,成功只能靠创业者自己。

显然,创始人戴威与狂飙的资本一样,其野心之大,从未对资本保持克制、谨慎的态度,也未对增长速度保持敬畏之心。在早期还未验证通过商业模式的时候,就大量烧钱、融资。为了获得更多的融资,承诺下不正常的增长要求,在高速路上超速狂飙。

在资本面前,不吝以牺牲组织为代价。为了获得软银的融资,滴滴高管进驻ofo,付强任执行总裁、柳森森任财务总监、南山负责市场。滴滴高管进驻后摆出了全面接管的态势,与ofo原高管团队分江山而治,原有的组织机构分崩离析,大量ofo员

工离职。此外，滴滴高管还干预 ofo 的融资权利、经营决策权等。最终的结果是软银的钱没有进来，ofo 的组织也元气大伤，这也为最后双方决裂埋下了伏笔。

就这样，ofo 被资本推着走过了一个又一个路口，但在这些路口本应该停下来喘口气好好想一想。

再者，虽然 ofo 和其最大的竞争对手摩拜都选择了共享单车，但戴威一直坚持校园路线，不愿意往校园之外扩张。大量的学生把单车骑到校外，ofo 需要花费大量人力寻回车辆。因为戴威坚持高校战略，ofo 错失了腾讯的投资，因此后续竞争中，ofo 需要烧更多钱才能追上摩拜的发展速度。

摩拜在 2016 年 4 月才成立，很多时候它都是踩着 ofo 的步子来的。摩拜一开始的战略就是走城市化、大众化的发展路线，这让它迅速地后来居上。有趣的是，仅仅几个月后，戴威便主动作出了城市化的决定，因为他的大本营——北京大学，被摩拜攻陷了。偌大的北大校园，随处可见骑摩拜单车出入的师生。

摩拜的创始人胡玮炜，将摩拜定义为一家物联网公司。他将大量的资金投入研发，包括 GPS 定位、人体舒适体验等。摩拜提出了四年免维护的造车理念，一辆车成本高达 3000 元，用高生产成本来降低以后的维护成本，并提高用户体验。

而戴威一开始就认为 ofo 是一家互联网公司，所有的自行车和车锁都只是一个个互联节点。早期 ofo 自行车单辆成本为 200 元，配备智能车锁后成本为 500 元，远远抵不上摩拜的成本。造价低廉的自行车，牺牲的是用户体验，造成日后"十车九坏"的尴尬局面，而且还需要更高的维修成本，同时因为没有配备 GPS 定位系统，也导致大量车辆丢失。在研发上吝啬的戴威，把更多的钱用来铺车。

其实，从第一个骑行旅游项目开始，戴威就是一个信心满满的营销型创业者。戴威重视资本和营销，搞代言、谈赞助、给补贴，高举高打、大开大合，却无暇顾及对战略和产品的研究。我们做一个假设，如果 ofo 没有那么快倒下，仅从产品体验上看，也难逃摩拜的狙击。

当满怀梦想情怀的戴威，决定动用用户押金的时候，说明公司已经岌岌可危了，只能通过一个个暂时的战术性努力来延缓失败。

当然，由于戴威的商业执拗，他拒绝与摩拜合并，执意要建立自己的共享单车帝国，也使其最终走向灭亡，让人叹息。

（上文内容来自公众号"洋君学长"、雪球和界面新闻等公开资料）

故事二：××易购，跨境电商增长之伤

2007 年，在跨境电商萌芽阶段，徐总创立了 ××易购。××易购无疑抓住了行业红利，其旗下有两个大型独立站，一个是 3C 电子平台 Gearbest，一个是对标 ZARA 的快时尚平台 ZAFUL，此外它在 Amazon、eBay、速卖通、Wish 等平台也开设了店铺，做得风生水起。

第二部分　卓越企业的 15 阶增量之旅　103

一路顺风顺水，让徐总萌生了登陆资本市场的想法。2014年，当安克创新、有棵树、傲基、赛维还在等待新三板挂牌时，徐总选择将××易购卖给上市公司百圆裤业，成为跨境电商国内第一股。但代价是××易购承诺且必须做到：在2014年至2017年实现的净利润分别不低于0.65亿元、0.91亿元、1.26亿元和1.70亿元。如果没有完成对赌协议，××易购元老和大股东要向母公司进行补偿。

2014年10月完成交割后，徐总持有百圆裤业20.19%的股份，位列第二大股东。2015年，百圆裤业再砸5.67亿元，连续投资帕拓逊、通拓、百伦贸易、跨境易等7个跨境电商项目。2015年6月12日，百圆裤业更名跨境通，彻底完成主营业务的转变。

此后，跨境通又分别于2016年10月、2018年1月两次收购帕拓逊39%、10%的股权，完成对帕拓逊的全资控股。至此，跨境通旗下拥有两家出口跨境电商全资子公司。

变更主业的跨境通2014年营业收入从原来的8.42亿元飙升至39.61亿元。在此后的2016—2018年，跨境通营业收入分别为85.37亿元、140.18亿元和215.34亿元，并购后年复合增长率达到124.88%。扣非净利润也由2014年的0.31亿元上升至2017年的7.37亿元。

2017年，××易购走向巅峰，一切看似欣欣向荣，实则早已千疮百孔。在极大的对赌压力下，××易购走上了一条疯狂铺货、盲目扩张、管理无序，为了追求营业收入数据不惜一切代价的危险之路。

2016年,××易购坚持铺货模式,铺货赛道最大的杠杆就是数据与技术结合产生高效率,但××易购并没有将重心放在技术和数据研究上,对消费趋势的持续判断失误,导致产品长期滞销。

不得不提的是,当时整个行业也在发生变化——行业从粗暴扩张走向精细化运营,精品卖家开始大展身手,产品体验、时效体验和服务体验越来越重要。

根据Alexa的数据,2017年××易购月独立访问量是网易考拉的20倍,月活跃用户数更是网易考拉的100倍,但2017年××易购的收入,却不及网易考拉的1/5,这说明流量转化率极低。

跨境通有大量的库存积压。数据显示,跨境通的存货从2014年到2018年连年上升,从2.94亿元飙升至50.66亿元,占总资产的比例从13.35%上升至2017年的45.12%。要知道××易购销售的电子产品和服装服饰,过季就很难再销售出去了。

由于大量铺货需要提前支付货款,同时存货压在仓库迟迟不能变现,过季后即便打折也很难销售出去,这给××易购带来了极大的现金流危机。

数据显示,2016年至2020年,跨境通的短期负债、长期负债及一年内到期的非流动负债合计分别为10.32亿元、12.71亿元、13.45亿元、23.42亿元、10.19亿元。最后为了自救,跨境通还出售了优质资产帕拓逊等子公司股权。

没有钱就支付不了供应商欠款，一时间，全国的供应商都不给××易购供货了。没有应季的新产品，收入相当于全断了，仅靠销售库存缓一口气。泥沙俱下，大势已去。

2021年5月8日，徐总辞去董事长、总经理一职，徐总时代正式落幕。随后××易购申请破产，大量供应商上门向××易购讨要欠款。

（上文内容来自公众号跨境眼观察、蓝海亿观网等公开资料）

如今，再讲起 ofo、××易购的故事，不可避免地有些马后炮。毕竟在那个资本绚烂、英雄频出的时代，为了证明自己，谁也不知道自己会怎么做。创业者每走一步、每做一个决策，都与自己的性格、认知相关；与战略判断、赛道选择相关；与如何看待资本、如何看待长期价值相关。

××易购仅仅是跨境电商行业的一个缩影。已经上市或者融资的兰亭集势、有棵树、傲基等无不经历着时代浪潮的考验，其他正在默默转型突围的企业也不可避免地颠簸起伏。

前10年，跨境电商行业依靠信息差、中国供应链优势，依靠创始人的一腔热血和认真投入，形成了一种粗暴简单、非理性的市场运营模式和思维。让人迷乱的崛起速度与资本相结合，激情和冲动把很多跨境电商企业推向无序和盲目。

但是，这种迷乱正在被打破，跨境电商已经大步向前，从大铺货出海到产品出海，再到品牌出海，正把一个个企业推入熔炼炉。那些具备企业家职业精神、尊重商业逻辑、尊重底层规律、具有长期战略视野的企业,练就了铜墙铁壁,如 SHEIN、安克创新等。而那些抱着侥幸生存的企业,最终可能化作一粒粒尘埃。

我们感谢前人创造了跨境、发展了跨境、繁荣了跨境,但我们更希望有越来越多的跨境企业屹立不倒。

第六关 内核
理解战略大象

多少企业在战略的大海中迷失方向,不知去途。

一、战略思维，比战略更重要

兵无常势，水无常形，正如当下的战略环境。著名管理学家亨利·明茨伯格将战略比作一头大象，我们对战略形成的认知就如同盲人摸象，没有人具有审视整个大象的眼光，每个人都只是站在自己的角度去感受这头大象，抓住战略形成过程中的一个点，这样很难认清大象的全貌。这不仅因为我们的视角片面，更因为这头战略大象本身也在不断变化与成长。建立战略思维如图 2-1 所示。

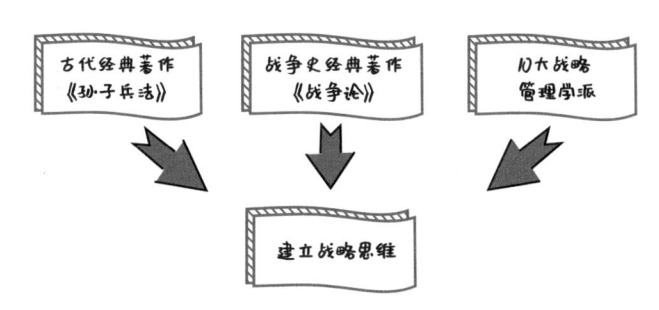

图 2-1 建立战略思维

为了了解战略全貌,第六关将从古代军事经典著作《孙子兵法》、战争史经典著作《战争论》,以及10大战略管理学派的不同理论,带领大家重新理解战略,培养战略思维,锻炼战略眼光。

(一) 读《孙子兵法》,学战略思维

1. 对商业保持敬畏之心

《孙子兵法》开篇第一句:"兵者,国之大事,死生之地,存亡之道,不可不察也。"意思是:战争是一个国家的头等大事,关系军民的生死,国家的存亡,不能不慎重周密地观察、分析、研究。

军事是国家大事,一定要怀有敬畏之心,敬畏天道、敬畏规律,知道什么能做什么不能做,企业经营也是如此。

1) 敬畏商业之道

商业是将创始人和公司的使命结合,以优质的产品服务来实现非凡的梦想。所以,商业的核心首先是敬畏用户。用户是产品的使用者,产品的价值、企业的价值需要通过用户来实现。不敬畏用户,就会想当然,创造出不符合用户需求的产品;不敬畏用户,就会在营销推广上随心所欲,蔑视民众智商,甚至捏造营销谎言。

2017—2020年,跨境电商的站群模式极为盛行。站群模式是指,利用建站工具快速建站,多个网站用同一套模板无限复制,不做精细化运营,用低价吸引消费者购买。一个产品卖完,马上测试新的产品。这种方式给消费者造成了极大的伤害,大量重复的网站、粗糙的落地页、随便抄袭一些品牌方的产品页。更糟糕

的是,有些站群卖家在收到客户订单后,发出的实物与图片相差甚远,甚至不发货。

回过头去看,及时转型的站群卖家(如斯达领科、细刻等)已经活下来了,但更多站群卖家已经被淹没在历史的巨浪中,包括规模已经高达几十亿元的企业,也不过是南柯一梦。不敬畏用户,是企业最致命的战略深渊。

2) 敬畏经济规律

经济规律有很多,如周期性规律、概率与风险、稀缺与效率、成本与收益等(见图2-2)。了解更多的经济规律和经济思维,可以帮助企业更从容地面对不确定的大环境。

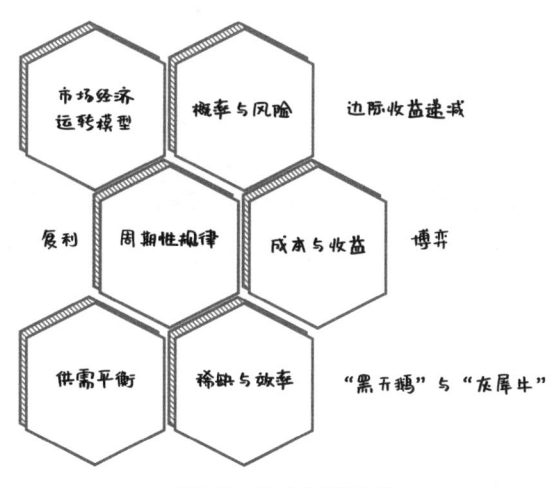

图 2-2 建立经济思维

其中,通常被创业者忽略的是保持对成长速度的敬畏。例如,××易购为了满足资本方的对赌协议,2014—2018年,××易购的销售额从14.7亿元飞跃至2018年的124.07亿元。遗憾的是,"飞跃式"的营业收入后面是"断崖式"的营业收入增速下滑,2015年××易购营业收入增速为152%,2016年营业收入增速为92.9%,2017年营业收入增速为59.7%,2018年营业收入增速为8.4%,2019年直接变成严重亏损。

一般来说,营业收入增速15%~20%,企业成长速度较为平稳;营业收入增速为20%~30%的企业是一个中等营业收入增速的企业;营业收入增速超过30%,则该企业实现了高速成长。对成长速度不放肆也不懈怠,因为放肆的背后一定有危机,特别是当融资之后更需要顶住资方的压力;而当遇到困难时就懈怠让步,则无法磨炼出一支有心性、有耐力的战斗军团。各企业2016—2021年营业收入增速情况如表2-1所示。

表2-1 各企业2016—2021年营业收入增速情况
(根据公开信息整理)

企业	2016年	2017年	2018年	2019年	2020年	2021年
华为	32.00%	15.70%	19.50%	19.10%	3.80%	-28.60%
海尔智家	32.67%	37.37%	12.17%	9.05%	4.46%	15.80%
格力	10.80%	36.24%	33.33%	0.02%	-14.97%	11.69%
比亚迪	29.10%	2.40%	18.60%	0	26.00%	37.70%
亚马逊	28.00%	31.00%	30.90%	20.00%	37.62%	22.00%
阿里巴巴电商	27.00%	57.00%	58.00%	33.57%	35.27%	28.94%

有一个知名案例,100多年前,有两支探险队约定同时向南极进军,看谁先到达南极。一支队伍是来自挪威的阿蒙森团队(共5

人),另一支队伍是来自英国的斯科特团队(共17人)。结果,阿蒙森团队第一个到达南极并且安全返回,而斯科特团队不仅晚了一个多月到达南极,而且在返程途中几乎全军覆没。事后,两支探险队总结经验,其中一条是:斯科特团队在天气好的时候一天会走50~60千米,天气不好时就一直待在帐篷里。而成功的阿蒙森团队只执行一个规定——无论天气好坏,每天前进30千米。

对增速保持克制,这对创业者来说是逆人性的。但稳定的增速,一方面有利于降低风险,另一方面可以将资源投入长期的价值建设中,如产品研发、供应链、组织建设。未雨绸缪,长远打算。

3) 敬畏市场规则

对市场规则的漠然是对公平的漠视,破坏市场秩序、通过不合规的手段获得超额利润,最终也将被规则吞没。对于跨境电商企业而言,最明显的例子莫过于亚马逊被封号了。由于卖家刷单等不合规操作,亚马逊在2021年掀起了大规模的封号潮,原本正在进行IPO事宜的×基被喊停,元气久未恢复;泽×等几大品牌被封,资金冻结超过6000万元……

4) 重大决策,需要慎重

领导者所做的每个决策,都有可能把企业带向"生死之地"。正如真格基金创始人徐小平所说,创业之所以困难,是因为决策者的每次选择都像是推倒一副多米诺骨牌一样。玩家可以从中截断多米诺骨牌来终止游戏,但创业者没法终止自己的抉择,只能看着自己失败的决策一点一点地发挥影响,最终把整个企业拖进深渊。例如,前面提到的ofo创始人戴威。

【企业生地】

战略：哪些赛道是必须提前布局的，是具有战略性意义的？

市场：哪些市场是必须占有的？企业的大本营、根据地在哪里？

客户：哪些客户是必须掌控在企业自己手里的？不是当下的客户主体是谁，而是识别哪些客户未来有盈利前景，哪些客户会持续增长。

与巨头竞争，生地在哪里？

根据定位理论之父杰克特劳特的"二元法则"，从总体和长远的角度来看，市场往往会演化成两个大品牌竞争的局面。例如，可口可乐和百事，肯德基和麦当劳。营销界还有个"三法则"定律：在很多行业里，哪怕是在那些看似不存在大壁垒的领域，最终都会趋向形成三巨头。那么，与巨头竞争，生地在哪里？

我们能不能超越一个巨头，要看巨头与趋势的关系，巨头是在未来趋势上强，还是在夕阳赛道上强。如果面对的是不符合未来趋势的巨头，我们抓住新趋势本身也有巨大优势，那就大胆崛起。如果巨头占尽资源和趋势，我们必须在趋势上找到他们的盲区，从差异中寻找生存和发展的机会。我们要做好用户细分、市场细分、差异化定位，从红海中开辟蓝海，找到发力点。

【企业死地】

战略：哪些赛道是不能布局的？进入后要么拖垮企业现金流，要么拖垮其他稳定业务。

市场：哪些市场是不能进入的？即使这个市场非常赚钱。

客户：哪些客户是不能要的？不合适的客户，给再多钱，也应该放弃。

同时,我们要识别哪些客户需求该听,哪些不该听。或许95%的客户建议是不该听的,这些建议会误导产品方向。

当然,或许关于企业生与死的选择并不会时时出现,更多的是活着和发展的选择(见图2-3)。

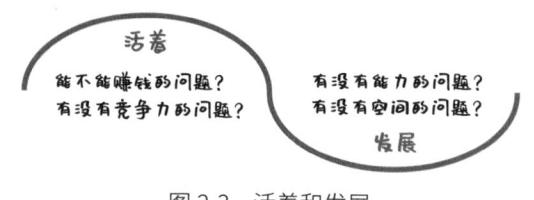

活着
能不能赚钱的问题?
有没有竞争力的问题?
有没有能力的问题?
有没有空间的问题?
发展

图2-3 活着和发展

有两种活下去的逻辑:一种逻辑是,活下去是为了更好地执行和推进战略,如马化腾创业之初想尽各种办法赚钱养QQ,华为赚钱养研发等。活下去是策略,战略实现是活下去的希望和目的。另一种逻辑是,活下去就是什么赚钱做什么。只为了赚钱,没有战略牵引,不断换赛道和模式,很多时候赚的都是短期的钱,很多企业在这个阶段循环往复、无法突破。

其实,活着和发展、赚钱和战略是相互促进的,共同助力企业进入滚雪球式的发展模式。仅想"活着"是不能完全保障"生存"的,"发展"才是"活着"最好的保障。

2. "道、天、地、将、法"战略模型

《孙子兵法》中的"道、天、地、将、法"战略模型(见图2-4)

为我们搭建了最古老的先贤智慧,直到今天仍超越了很多战略模型。

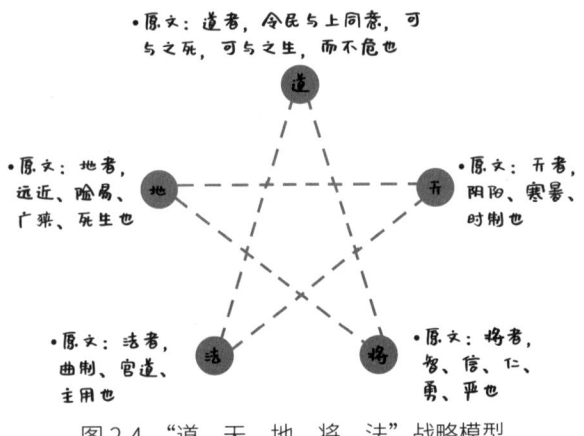

图 2-4 "道、天、地、将、法"战略模型

1) 道

"道"指企业的使命、愿景、价值观、目标,企业上下同心同德,没有疑虑。CEO 一开始就要为企业找到一个所有成员共同认可的"道",这个"道"将持续驱动团队奔赴企业愿景。

2) 天

"天"指行业形势、风口、大规律、国家政策,要顺天而为,站在风口才能跑得更快。顺天而为,一是顺趋势而为,二是顺优势而为,才有成事的基础。顺天而为,关键在于先明自然之道,然后顺自然之道而为,所以高手都是明道者。

跨境电商行业为什么越来越"难"?因为跨境行业的"天"变了:以前是确定性的直线性增长,现在是波动性的不确定性增长;以前是选品思维,现在是产品研发思维、供应链思维、信息化思维、品牌思维;以前是堆人就能成就高业绩,现在强调组织能力、本土化的团队服务;等等。"天"变了,过去的思维已经不管用了,所有的跨境电商企业必须切换到新思维,才能进入行业的下一阶段。而优秀的 CEO 必须善于洞察大趋势、抓住大趋势带来的战略性机会。

彼得·德鲁克曾经说过:"动荡时代最大的危险不是动荡本身,而是仍然用过去的逻辑做事。"

3) 地

"地"指企业竞争环境中的利与不利,要抢占企业的战略制高点、制胜点。

抢占战略制胜点,第一,从客户需求出发,客户需求在哪,赛道的选择就应该在哪。第二,从企业的优势竞争力出发,避开险地,发挥企业的最强战斗力。第三,懂得取舍,市场的取舍,可以实现人力、物力、财力的最佳部署;懂得扩张边界的平衡,清晰地识别出组织的能力边界,将战略目标限制在组织的能力范围内。

4) 将

《孙子兵法》将企业优秀管理者的画像呈现了出来,管理者的筛选和培养模型如下。

智:思考、分析、判断、谋划、应变等能力。信:诚信、威信、公平、赏罚有信,赢得团队的信任。仁:仁慈,关爱下属,不溺爱。勇:勇敢、果断、敢于决断。严:团队严明。

5）法

"法"指企业的组织架构、激励与绩效体系、岗位责任、组织保障、流程机制等。

很多企业前期忽略组织能力的建设,等企业跑到一定阶段后,才发现组织能力差是阻碍企业发展的最大短板之一。

3. 其他战略思维

(1) 上兵伐谋,其次伐交,其次伐兵,其下攻城。

伐谋,指CEO的战略眼光和战略规划,在战略层面优先取胜;伐交,指在整体战略布局之下,整合企业资源能力,获得最大势能;伐兵,指在战术层面,讲节奏、计划、流程、组织能力等;攻城,指哪些战役是决定企业关键性发展的,哪些是必须放弃的。

(2) 知彼知己,百战不殆;不知彼而知己,一胜一负;不知彼,不知己,每战必殆。

一是了解自己,二是了解竞争对手。了解自己,知道企业活下来的可能性有多大;了解竞争对手,知道企业取胜的可能性有多大。企业能否成功,取决于企业自身,所以要盯着企业发展最关键的因素,如客户,而不是盯着竞争对手。但企业是否会在强大的竞争中获得成功,很多时候取决于对手的失误,所以知彼是取胜之道。

(3) 胜兵先胜而后求战,败兵先战而后求胜。

胜利之师,是先创造必胜条件然后再去交战;失败之师,总是先盲目地同竞争对手交战,然后谋求从苦战中侥幸取胜。

（4）利而诱之,乱而取之,实而备之,强而避之,怒而挠之,卑而骄之,佚而劳之,亲而离之。

对手贪利,则以小利来引诱他,伺机攻击;对手处在混乱状态,则抓住时机攻取他;对于实力雄厚的对手,需严加防备;对于兵强卒锐的对手,当避其锋芒;对于易怒的对手,就通过挑逗的方式去激怒他,使其丧失理智;对于轻视我方的对手,应设法使其更骄傲自大;对于经过充分休整的对手,要设法使之疲劳;对于内部团结的对手,则要设计离间他们。

（5）兵无常势,水无常形,能因敌变化而取胜者,谓之神。

战略目标不变,但战术计划是根据天时地利人和进行灵活调整的,需要审时度势。

知可以战与不可以战者胜。

在战略上有定力,在战术计划上动态调整,考验着CEO的能力。

（6）故善战者,求之于势,不责于人,故能择人而任势。

真正善于打仗的人,能从形势当中寻求胜利的机会,而不会苛责人力,他所做的就是选择合适的人去做合适的事情。一个团队做了错事,那责任必然是领导者的,领导者不能择人而用,没有识人之明,才造成了团队犯错。

（7）车杂而乘之,卒善而养之,是谓胜敌而益强。

（8）善用兵者,避其锐气,击其惰归。

（9）投之亡地然后存,陷之死地然后生。

（10）多算胜,少算不胜,而况于无算乎!

（二）读《战争论》，向失败学习商战

拿破仑战争爆发后，欧洲出现了两本兵书。一本兵书从战胜方的角度描述了拿破仑如何灵活运用炮兵战术取得胜利。另一本兵书是战败国普鲁士的一名军官写的，他从战败方的角度深度剖析了一场战争能够取胜的要素，这本兵书是至今仍然非常畅销的《战争论》，来自克劳塞维茨，他从战败方的角度客观地讲述自己的竞争对手。

《战争论》从全局视角，讲述了战争的胜利是三位一体的。第一，顶层是全军上下在战略思想上保持一致，这样才能运筹帷幄，决胜于千里之外；民众对战争持有赞成态度，才能形成燎原之势。第二，从政治外交的角度看战争，战争无非是政治通过另一种手段的继续，也就是说不流血的战争过程是可能存在的。第三，从军事的角度看战争，战争充满危险、充满劳累、充满不确定、充满偶然性，需要军事天才的排兵布阵。

为何我们推荐从《战争论》看战略？因为，今天整个大环境最大的特点就是不确定性。在确定的环境下，确定战略瞄准一个方向就可以了，但在不确定的环境中，很难对趋势有透彻的理解，也没办法一次性看清所有过程和细节，要通过波浪式的、动荡的环境洞察战略，并非易事。

而战争的本质就是不确定性。克劳塞维茨说过："战争是充满不确定性的领域。战争中行动所依据的情况有四分之三好像隐藏在云雾中一样，是不确定的。"所以，通过战争看战略，能给企业领导者提供驾驭不确定性的独特视角。"战争论"军事战略

模型如图 2-5 所示。

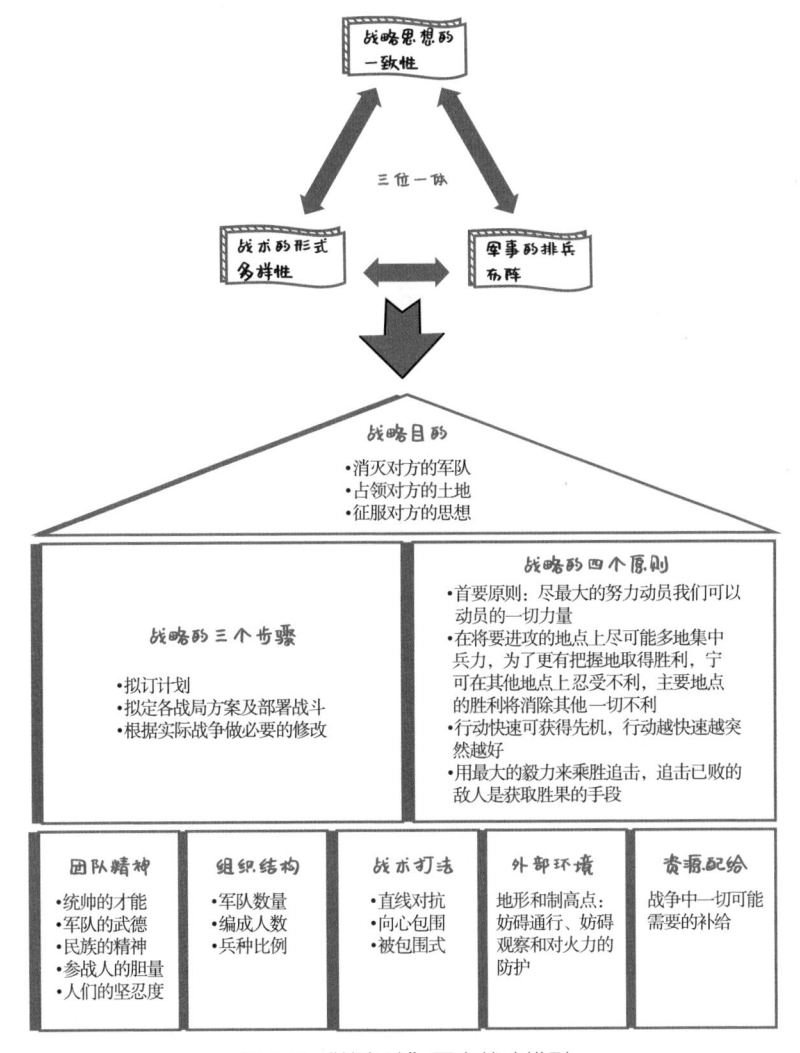

图 2-5 "战争论"军事战略模型

"战争论"军事战略模型核心理念有八个关键词。

（1）目标：每次战略行动必须有一个清晰、明确且能实现的目标。目标必须在关键时间和地点集中强大的战斗力,摧毁对手的武装力量和作战意志。

（2）简单：简单直接的计划和简洁清楚的命令,能把发生误解和引起混乱的可能性降到最低。如果备选计划的其他因素都相同,那么应当选择最简单的计划。

（3）进攻：采取进攻手段是实现明确目标并保持行动自由的必要条件。进攻可以使指挥官掌握主动权,把自己的意志强加给敌人。指挥官可能是被迫采取防御手段的,但这必须经过深思熟虑,同时只能作为权宜之计。

（4）节约战力：高超而又慎重地使用战斗力,使指挥官用最少的资源完成任务。这条原则不是说要苛求节俭,而是要慎重分配手中的战斗力。

（5）灵活性：机动性的目的是将战斗力布置在对手处在相对劣势的地点。成功的机动性需要组织的灵活性和后勤的支持。

（6）权威：指挥官统一命令使所有战斗力向一个共同的目标奋斗。最好只任命一名具备权威的指挥官。

（7）风险意识：主要通过防止对手偷袭,来保持行动自由。

（8）领导力：任何一个军事天才,皆至少要拥有勇气、智慧和情感三个方面的品质。勇气指"敢于冒险"的品质。智慧可以分为眼力(战场上的洞察力)、果断、机智(思维敏捷)三种。情感指的是意志力,它可以被分为干劲(积极性)、坚强(不屈服)两个部分。

克劳塞维茨说,在战争中,好的将帅一定要具备两种特质：一种特质是在茫茫的黑暗中仍能发出内心的微光以照亮真理的智力,另一种特质是敢于跟随这种微光前进的勇气。

(三) 十大战略管理学派

在管理大师明茨伯格的著作《战略进程》中,按照观点的不同,将管理学分为十大战略管理学派(见表 2-2)。

表 2-2 十大战略管理学派

分类	重新理解战略要点	代表工具/模型
设计学派	(1) 战略的形成是深思熟虑的过程,战略是最高思想,是最终选择 (2) 公司只有一个战略家,就是 CEO,CEO 必须具有远见和洞察力,保持清醒、进行控制 (3) 战略模型必须保持简单、明确和非正式 (4) 先制定战略,再执行战略,战略决定组织,组织紧随战略	PEST 分析 SWOT 分析
计划学派	(1) 按照要求规划战略的每个组成部分,根据蓝图把他们组合在一起,就会得到战略 (2) 战略产生于一个可控的、自觉的正式规划过程,战略会被细化为各种各样的目标、预算、程序和经营计划 (3) 制定战略的步骤包括收集数据、作出决策和监督执行等。战略部门负责收集数据和监督执行,CEO 负责作出决策	斯坦纳战略规划模型 安索夫矩阵
定位学派	(1) 同一行业有通用型战略,三大通用型战略为:总成本领先战略、差异化战略、集中化战略(细分市场战略) (2) 产业结构决定了企业战略定位,企业的战略定位又决定了企业的组织结构	波士顿矩阵 波特三大通用战略 波特五力分析 波特价值链 战略内容研究矩阵

续表

分类	重新理解战略要点	代表工具/模型
企业家学派	（1）战略形成完全集中在领导人身上，需要自觉、判断、智慧、经验、洞察力等先天和后天能力 （2）战略形成是一个构筑愿景的过程，CEO必须有能力让大家都认同目标，感召大家一路向前 （3）企业行为的因素并非企业利润最大化的目标，而是企业应对变化的环境时的战略意图；创造性破坏是经济向前发展的引擎，引擎操纵者是企业家	企业家模型
认知学派	（1）战略形成是一个心智过程，认知偏见会导致决策失误 （2）战略：我们看到的世界是可以被构建的，认知则是构建的过程。认知构建是基于对市场环境的认识、对外部信息的分析处理能力，以及长期商业实践中总结出来的商业信条和商业规律，再加上CEO的思考直觉和分析推理，最终作出的战略决策 （3）战略是由企业家的认知水平决定的，认知水平又受限于人和环境的不确定性；人是很难理性认知世界的，如果能克服非理性，我们才能比其他人拥有更优秀的决策能力	决策偏见模型 战略决策平行模型
学习学派	（1）外部环境和人的认知能力都是持续变化的，战略的形成是涌现的过程 （2）战略动态优化管理，需要一系列机制体制的保障，如经营例会、战略纠偏、战略研讨会、计划会总结会、战略评估、战略绩效考核、预算管理体系等全面的战略管理管控机制，保障战略首尾相顾形成双向反馈闭环 （3）关键不是预想战略，而是识别战略	八大战略类型

续表

分类	重新理解战略要点	代表工具/模型
权力学派	（1）战略形成是一个协商的过程。权利战略就是要获取权利，战略的制定需要考虑利益相关者的关系，考虑与竞争对手、合作伙伴的关系、公司员工的关系 （2）微观权力，把战略看作组织间的政治博弈；宏观权力，把战略看作合作联盟 （3）在战略前置设计思维中，要充分思考控制、操纵、权利、掌控、竞争、垄断等策略，也就是战略思考层面预埋了更多商业利益诉求，外在表现为规则制定、规则操纵、标准设计等形式	企业相关利益者分析
文化学派	（1）战略形成是一个集体思维的过程，文化是超越经营战略的更上层的企业追求，战略的改变是以文化为基础的 （2）文化是成为优秀企业的超级能量，是企业资源的综合体现，只要企业有好的文化，战略会自然而然地生发出来	麦肯锡的7S模型
环境学派	（1）战略形成是适应性的过程。环境的变化要求战略的变化，战略的变化要求组织的变化，组织的变化必然要求创新和变革，创新和变革是企业的常态。任何阻碍创新和变革的文化和决策，都会让企业失去对环境的适应能力 （2）看不清外在环境，不知道如何决策，就是自生自灭	社会习惯性理论

第二部分　卓越企业的15阶增量之旅

续表

分类	重新理解战略要点	代表工具/模型
结构学派	（1）战略形成是变革过程。结构指向内外部环境中要素的组合，如果要素组合改变，那结构必然也是改变的 （2）在每个不同时间点，都应该有不同的战略，把时间轴加入思考中，没有先进的战略，只有合适的战略 （3）发展期是要素增长的过程，结构要求战略适应增长，稳定期是要素动态稳定的过程，结构要求战略保持稳定，斗争期是结构有了大的调整和变化，战略必须适应、调整、创新甚至变革	钱德勒的"企业发展论"

这十大战略管理学派给我们展现了战略的全貌，帮助我们用全局的视野来思考战略。而且，这十大学派对应的战略工具至今也还在使用，搭配适合企业的工具模型，可以帮助企业制定一个好战略。例如，设计学派代表的 PEST 分析,通过分析政治、经济、社会、技术环境等几大要素,找到自己的位置,确定战略打法。迈克尔·波特代表的定位学派,有五力模型和三大竞争战略,成本领先战略、差异化战略和细分市场战略。计划学派的代表斯坦纳战略规划模型,战略必须进行解码,拆分为长、中、短期战略规划……

CEO 的战略思考全貌如图 2-6 所示,在思考企业战略时,需要考虑以下几点。

图 2-6　CEO 的战略思考全貌

1. 看企业内部与外部的机会与威胁

1) 企业内部

- 产品和市场范围,明确企业的能力范围。

- 成长方向,明确企业的扩展方向。

- 竞争优势,明确企业为何能获利。

- 组织协同能力,整体影响力。

- 企业的文化力量对组织能够产生多大的影响。

2) 企业外部

- 宏观环境,看大政策支不支持,有没有风口。

- 行业环境,看行业竞争情况如何,潜力市场在哪。

- 竞争环境,看核心竞争对手的能力如何。

- 未来趋势,哪些新技术、新消费动向。

2. 看博弈与合作关系

战略是一种博弈,战略需要对企业的相关利益者进行分析。

例如，员工政策、客户政策、合作伙伴政策等。但是战略不仅有竞争，还有合作，如战略联盟。

3. 战略的稳定性与动态性

战略是稳定的，战略目标需要长期坚守。战略又是动态的，在大战略大方向不变的同时，需要尊重事实规律，不断修正和调整。

4. 战略视野的现在与未来

战略面向未来，需要把握趋势，洞悉发展先机；战略面向全局，需要突破现状，统揽产业全局。短期战略目标的实现是为了现在活下去，长期战略目标的坚持是为了企业未来发展得更好。

5. 战略的多元与聚焦

战略是聚焦，是取舍，如克劳塞维茨所说，集中优势兵力，这是基本原则。这是不论在什么地方都应该首先和尽量争取的原则。

想要企业发展壮大，多元化发展是必然趋势，但多元化的选择也是基于聚焦的，是在成功关键因素和选定的战略生长点上进行的。

6. CEO 是企业战略制定的关键

CEO 是战略最重要的制定者，CEO 的认知和算力，决定了事情是否能做成。在极大智慧密集度和极快变化的年代，领导者要克服社会和文化给予的认知惯性，克服生活经历给予的经验局限，不断增强自己的算力。

其一，锻炼多元整合思考能力。

查理·芒格说,思维模型是我们大脑中的决策工具箱,工具箱越多,就越能作出正确的决策。好的流程、好的工具、多元化的思维可以更好地帮助我们锻炼战略思考能力。需要注意的是,每种工具都有其前置条件和场景。CEO的多元思维如图2-7所示。

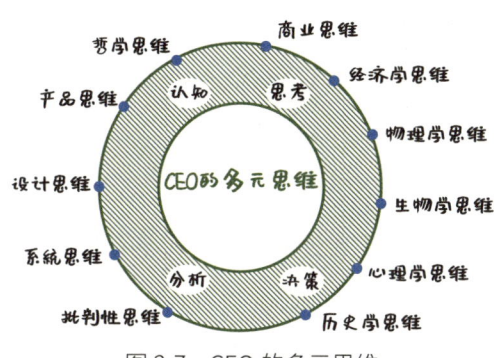

图2-7 CEO的多元思维

其二,构建全局战略视角,对趋势和风险保持敏锐。

向上看,建立庖丁解牛的剖析能力,洞见是决定事件成功最关键的因子。

向下看,建立坐在直升机上俯瞰的"全局观"。

向前看,根据过去的经验作出预测,看大趋势、大政策、大市场或细分市场。

向后看,以历史为鉴,看成功案例,看失败案例,看规律的普遍性。

向远处看,为五年之后的竞争,提前布局,构造一个与众不同的未来。

从侧面看,挑战传统观念,不被行业中的惯例所束缚。

二、战略陷阱

深圳万科董事长王石,曾经概括过新兴民营企业的七大特征。

一是企业的初期规模很小。

二是短期内急速膨胀。

三是创业资金很少或没有。

四是毛利率较低,总是想找一个利润空间较大的行业钻进去。

五是初期的发展战略不清晰。

六是创业者没有接受过现代企业管理的训练。

七是企业家的权威作用毋庸置疑。

这七个特征展示了很多初创企业的弊病,总结来说就是缺乏职业 CEO 的专业素养,导致企业在经营过程中,很容易遭遇战略陷阱,在跨境电商行业中更是如此。常见的陷阱有以下七种。

(一)业绩陷阱,短期战术成功了,但战略失败了

追求利润和业绩是企业的天性。谈业绩陷阱,并不是鼓励佛系经营,而是为了获得更好、更长久的业绩。

业绩有短期的、有长期的,有表象的、有诱惑的、有偏离战略的。哪些业绩增长是短期的?哪些业绩增长是可持续的?我们常常认为只要业绩在增长,其他问题都不是问题。而这,恰恰是问题恶化的开始。

以跨境电商为例:精品卖家的业绩增长,是靠一堆产品堆起

来的增长,还是靠拳头产品的核心竞争能力带来的增长？铺货卖家的业绩增长,是靠不断堆更多的人、铺更多的货带来的,还是靠信息化能力、数据化能力带来的裂变式增长？独立站卖家的增长,是不是对广告的依赖越来越高,营销占比越来越大,私域用户数却没有增长？如果企业不对增长做有序的规划,企业就会被无序和随机的竞争环境淘汰。

跨境电商卖家的长短链路经营地图如图 2-8 所示。

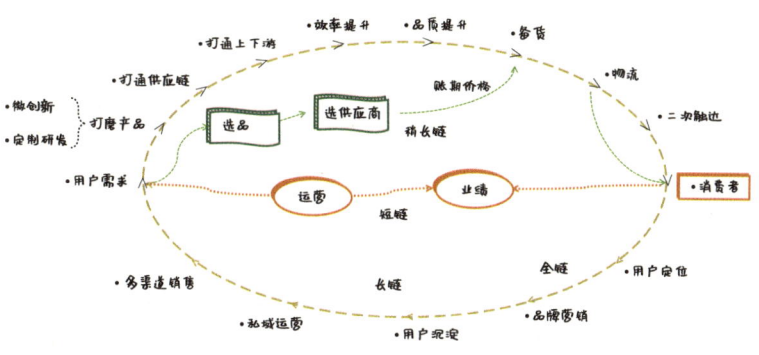

图 2-8　跨境电商卖家的长短链经营地图

一般跨境电商卖家会经历三个阶段。

第一阶段,起步阶段,短链思维(橙色线):简单进行平台运用、进行广告营销,与供应商之间的交流深度停留在价格和账期,然后物流商交付给消费者。

第二阶段,成长阶段,稍长链路思维(绿色线):基于后端拓展,从简单的价格和账期,转变为打磨产品、优化成本结构、供应商交货品质管理、上下游效率提升等。

第三阶段,成熟期,探索全链路(黄色线):沿着市场洞察端—用户定位端—产品研发端—品牌营销端—渠道运营端—供应链交付端—用户增长端的路径发展，各个环节能力提高，形成全链路径，做大做强。但并不是所有卖家，都能掌握第三阶段的能力。

业绩是诸多因素合力的结果，业绩是竞争力的体现。如果业绩是依靠建立在运营能力上的短路径来实现的，企业很难承受住竞争力的挤压，如流量成本上涨、供应链成本上涨等。因为没有腾挪空间，业绩的增长常常难以持续。长期来看，业绩是对产品、服务和口碑的检验，是对战略的检验。

日本偷袭珍珠港，其短期战术成功了，但从战略上看日本却失败了。例如，很多企业到了季度最后半个月还在找各种办法达成目标，如提前收款等，这些都是战术上的挣扎。真正优秀的企业，是战略上的成功，提前布局，气定神闲，一切尽在把控之中。

（二）战略迷茫期，摇摆多变，忙忙乱乱一场空

现象描述：当企业发展到一定阶段，业务仍无法实现稳定增长或增长停滞时，CEO 多半会陷入战略迷茫。这时候 CEO 会亲自去探索、学习、交流，当 CEO 有好的想法时就会提出一个战略方向，东一榔头西一棒槌，忙乱很久结果仍是一场空。

战略迷茫期需警惕的五个思维陷阱如图 2-9 所示。

（1）盲目跟风思维：看到风口就想上，看到别人成功，就认为自己也会成功，盲目学习别人的战略。

（2）路径依赖思维：过分依赖以往的成功经验，依赖过往

的思考方式、经验沉淀,认为将其应用在新战略上同样会取得成功。

(3)"什么都想做"思维:什么都想要,什么都想做,认为"人有多大胆,地有多大产",只要自己认真干就会成功。不清楚自己的能力边界,对商业缺乏敬畏之心,不聚焦,不专注。

(4)投机和赌博思维:当外部环境的不确定性加强时,抱有侥幸心理,未做好充足的准备就开启新方向。

(5)舍本逐末思维:为了追求全新的战略变革,完全推翻已有的业务基础,或者完全否定原来的业务经验。

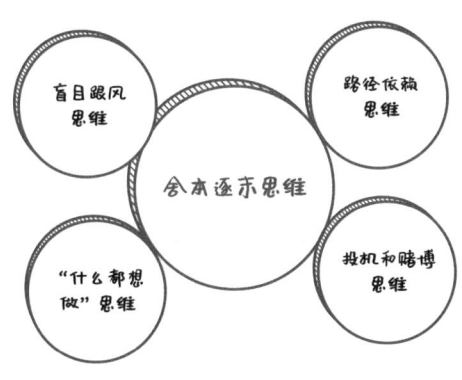

图2-9 需警惕的五个思维陷阱

(三)扩张陷阱,盲目追求发展速度

(1)企业处于从0到1的阶段,野心较大,过早扩张。企业低估了扩张对现金流和团队消耗的风险,其结果是现金流分散,新业务夭折。从0到1的阶段,企业要进行产品验证、商业模式验证,模式能够完全走通后才适合进一步扩大。

（2）从 1 到 N 的阶段，企业的核心能力没有建立就扩张。企业的扩张通常包括新市场的扩张、产线的扩张、运营团队的扩张等，每个板块都要在打胜仗之后，沉淀一个流程、一套机制之后才能复制更多的成功案例。但很多企业在还没有培养核心能力前就过早扩张，扩张的结果只能带来更大程度的收缩。扩张的核心不在于"复制"，而在于"裂变"，只有裂变才能实现指数级的规模增长。

如图 2-10 所示，企业到达 1 阶段后，要聚焦再聚焦，解决好产品与市场的匹配度问题，提升产品口碑，先把"鱼"养大，同时团队能力跟上。到达 2 阶段后，建立可继续的技术壁垒、产品壁垒、模式壁垒，实现规模化增长；做好能力的沉淀和复制，扩建"鱼塘"。到达 3 阶段后，成熟业务的"护城河"已足够坚固，且可以为新业务"输血"，这时候再开启第二曲线业务。如此一生二，二生三，三生万物，基业长青。

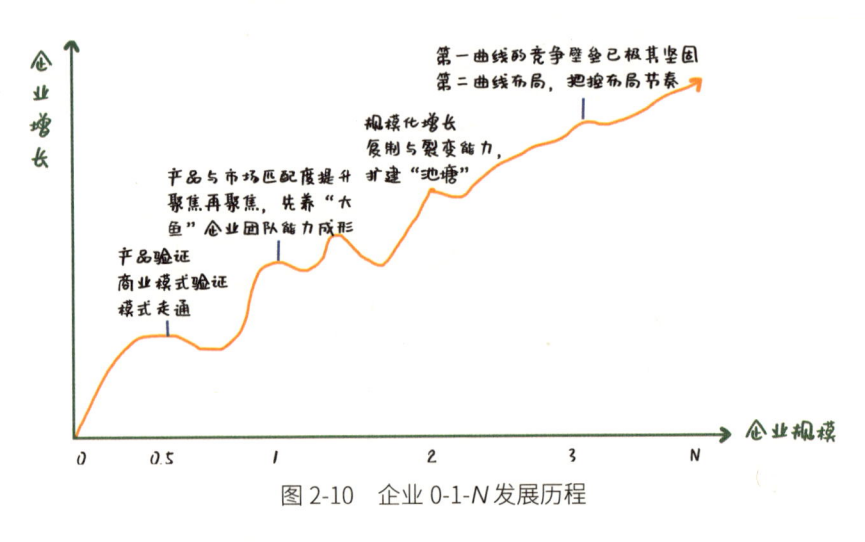

图 2-10　企业 0-1-N 发展历程

（四）盲目追求多元化经营

现象描述：企业的现有业务已经成熟、增长较为稳定，急需布局新业务来获得新的增长。但很多企业开启新业务时，并没有思考清楚新业务和第一曲线业务的关系，以及两个业务如何相互带动。第一曲线和第二曲线如图 2-11 所示。

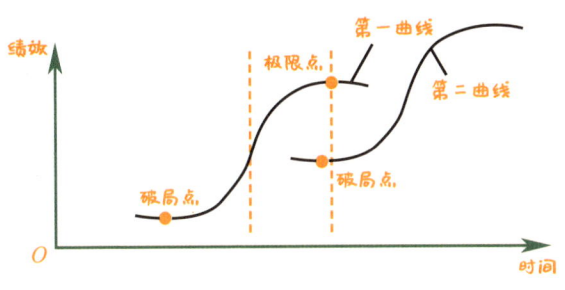

图 2-11　第一曲线和第二曲线

只有看准了时机和有了新构想，确信能够在该领域中为顾客作出与众不同的贡献时，才适合开启新业务。

第二曲线最好从第一曲线中长出来。第一曲线已经度过破局点，说明第一曲线已经能够实现正向的复利增长；同时第一曲线还未达到业绩极限点，这时是开启第二曲线的最佳时期。

第一曲线业务和第二曲线业务也存在两种关系：第一种关系是"单向带动"，即从第一曲线中借势长出第二曲线。这意味着第一曲线的飞轮能带动第二曲线的飞轮，这样第二曲线成功的概率更大。

第二种关系是"两个飞轮相互带动、相互促进"。这意味着基于同样的用户，团队抓住了两个关联的业务，两个业务飞轮在不断转动的同时,能给彼此带来更多的客户。例如,腾讯早期的游戏和社交业务,相互促进、黏性倍增。

当然,最重要的是,当我们打算开启新业务时,不如先来一次内心叩问,如图 2-12 所示。

---

1. 新业务能否提升公司的核心业务?
2. 新业务能否发挥公司的综合资源优势?
3. 新业务能否带动公司整体扩张?是否思考好了新业务与存量业务的协同和组合效应?
4. 新业务是否顺应了技术、市场、社会发展的大趋势?
5. 是否清楚新业务所处的内外部环境、赛道情况,以及必须各类人员具备的商业认知?
6. 进入新业务是否具备了相应的资源优势?
7. 是否了解新业务的竞争逻辑、盈利逻辑、失败逻辑?
8. 给予新业务的成长期有多长?如何正确评估新业务的结果指标?
9. 在没有资本进入的前提下,新业务是否可以实现自我现金流闭环?
10. 新业务的风险防御方案是什么?

图 2-12 开启新业务"10 问"

(五)收缩陷阱

现象描述:企业收缩一般会遇到三种情况,第一种情况是外部大环境变化,企业不得不进行收缩。例如,比特币一夜之间被封禁,相关企业不得不进行转型。第二种情况是由于经营失误造成企业竞争力下降,经济资源短缺,只有撤退才有可能最大限度地保存实力。第三种情况是企业为了利用环境中出现的新机会,谋求更好的发展,进行积极长远的紧缩型战略调整。企业收缩四大陷阱如图 2-13 所示。

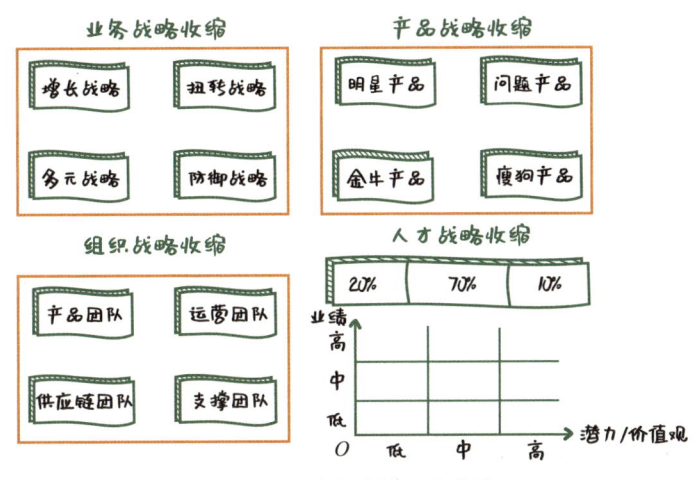

图 2-13　企业收缩四大陷阱

当企业进行第二种和第三种收缩时，以下灵魂四问，你会如何选择呢？

业务战略收缩：几块业务，要砍掉一块，该砍哪块？

产品战略收缩：几条产品线，要砍掉一条，怎么砍？

组织架构收缩：需要裁掉几个板块，该裁掉哪些？

人才战略收缩：哪些人应该裁掉？

如图 2-13 所示，收缩时，首先要有一套科学的分类和排序方法。例如，可以用 SWOT 工具把战略划分为增长战略、扭转战略、多元战略、防御战略；把产品分为明星产品、问题产品、金牛产品、瘦狗产品；将人才进行 271 排序后，考虑留下和淘汰哪些人。

分好类以后要考虑两个方面，一个方面是生存意义，在最差的环境下，企业能否活下来；另一个方面是战略意义，不要保大丢小,而要保好丢差,保优弃劣。基于这两个方面对业务、产品、组织做排序缩减,集中精力把剩余业务做好。所有的收缩,都是为了更好地增长和发展。

(六)人才陷阱

不管企业发展到什么阶段,如果出现问题,很大程度会归结到人的问题上。企业处于初创期,希望寻觅到业务能力强的合伙人;企业处于快速发展期,大量高管进入;企业初具规模,某几位不合适的高管可能就会给企业带来危机。人才误区如图2-14所示。

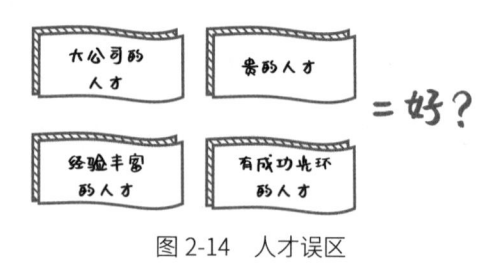

图2-14 人才误区

企业越需要人才,就越要注意人才陷阱,大多数企业对人才的错判都栽在以下几点:光鲜亮丽的大公司背景、丰富的经验背景、有成功光环的背景、贵的人才、极富技巧的沟通能力。

依赖光环效应来选择人才,本质上是领导者的不专业和缺乏安全感导致的。

那么,如何才能筛选出适合企业的好人才呢?筛选好人才要经过5个阶段的验证,每个阶段发生错误都有可能对一个人才产生误判。好人才筛选法如图2-15所示。

选到好人才是第一步,能否让人才发挥最大潜力帮助企业,

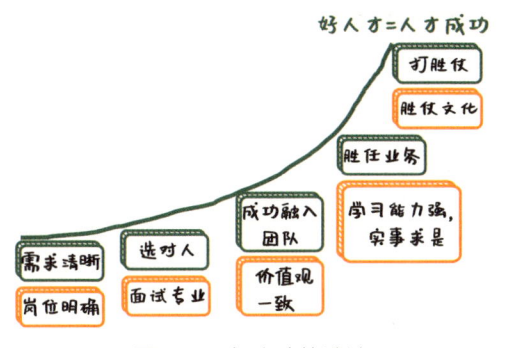

图 2-15　好人才筛选法

对人才的信任是用好人才的关键,而信任是在价值观一致的基础上逐步建立起来的。同时还要考虑人才与企业文化的适配性,人才选错了,尤其是价值观错了,就要挥泪斩将军,及时止损。如果确实需要这个岗位的人才,那么就要一直选,选到对的为止。否则,由于厌恶损失的心理,而不舍得放弃重金招来的不合适的高管,持续时间越长,给企业带来的危机越大。

(七) 资本陷阱

很多企业拿到融资之后,团队士气被大大激发,但这却是危机潜藏的时候:规模扩大,人员增加,成本急剧上升,管理复杂度增加;大量招人、扩业务、空降大厂高管,人员理念不同,导致团队支离破碎;团队对产品和前景盲目自信,容易作出错误且冲动的决策;被资本裹挟,对赌不健康的成长速度和布局;融资之后创始人更忙了,心思不在内部运营和团队管理上,没有把主要产品的技术创新放在第一位。基本 80% 的企业在拿到融资后,都经历了从大量招人、搬新办公室到大量裁员的过程。

第六关 – 通关作业

1. 请写下《孙子兵法》战略思维在企业经营中的使用案例。

2. 请写下十大战略管理学派分别代表的战略理念和工具,并尝试用于战略制定。

3. 你见过哪些企业是因为战略失误而倒下的,拿出来与团队共同研究。

4. 如果你是CEO,你会怎么拯救濒临倒闭的企业,以ofo和××易购为例。

5. 老板的哪些问题,最可能导致企业失败?

6. 你至今遇到过哪些企业危机,是如何度过的? 如果重新给你一次机会,你会如何决策?

7. 思考企业未来三年,你公司可能遇到哪些战略陷阱?

战略目标制定流程如图 2-16 所示。

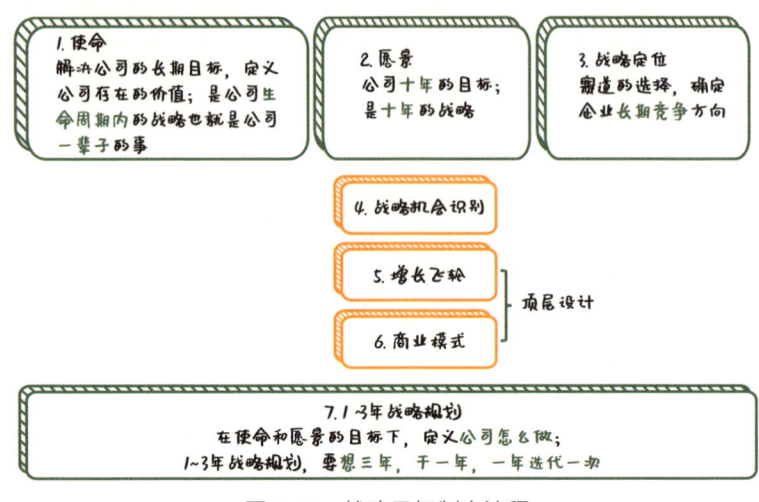

```
1. 使命
解决公司的长期目标，定义
公司存在的价值；是公司生
命周期内的战略也就是公司
一辈子的事

2. 愿景
公司十年的目标；
是十年的战略

3. 战略定位
赛道的选择，确定
企业长期竞争方向

4. 战略机会识别
5. 增长飞轮         ｝顶层设计
6. 商业模式

7. 1~3年战略规划
在使命和愿景的目标下，定义公司怎么做；
1~3年战略规划，要想三年，干一年，一年迭代一次
```

图 2-16　战略目标制定流程

案例企业：星锐实业有限公司

星锐实业有限公司（简称"星锐实业"）成立于 2013 年，产品主要是小家电，市场主要在美国、日本、欧洲、墨西哥等几大市场。早期星锐实业以铺货为主，每年以两倍的速度增长。2018—2019 年星锐实业开始全面向精品模型转型，大量精简 SKU（库存控制的最小单位），缩减平台。星锐实业在 2020 年抓住机会，年营业收入一度突破 10 亿元。

2021 年下半年开始，亚马逊平台政策调整，不合规的店铺被封；星锐实业的独立站业务也遭受重创，广告收益率降低；自研系统至今没有交付；新品的开发也比较慢，无法跟上行业竞争。2022 年，营业收入下滑，团队人数一度裁减至 300 多人。

本章的第七关、第八关、第九关将以星锐实业有限公司为案例，进行战略目标制定。

洞察
找到战略机会点

第七关

不在非战略机会点上消耗战略力量和资源。

现在我们讨论一个问题：跨境电商是一个行业吗？这个问题将决定我们思考战略的视角。

在跨境电商发展早期，红利明显，行业特征明显。但是随着跨境行业的逐渐成熟，越来越多的跨境电商企业拓展国际业务，不断加强产品研发、供应链整合、品牌营销，跨境电商的边界似乎越来越模糊。

我们认为，跨境电商已经不能称为一个行业了，它是一种模式、一个渠道。战略检视视角（见图2-17），除了包括跨境企业视角，还包括品类赛道视角和零售电商视角。例如，箱包类卖家，应该研究箱包行业的最新趋势，同时需要研究零售的本质、电商的本质。或许这就是当下如此多卖家战略迷茫的原因，他们被跨境电商的渠道视角限制住了。

通过正确的战略检视，找到战略机会点，外部有机会，内部有能力，企业就有可能把这件事干成。进行战略检视，主要检视七个维度：环境、行业、竞争、趋势、风险、客户、自己，如图2-18所示。

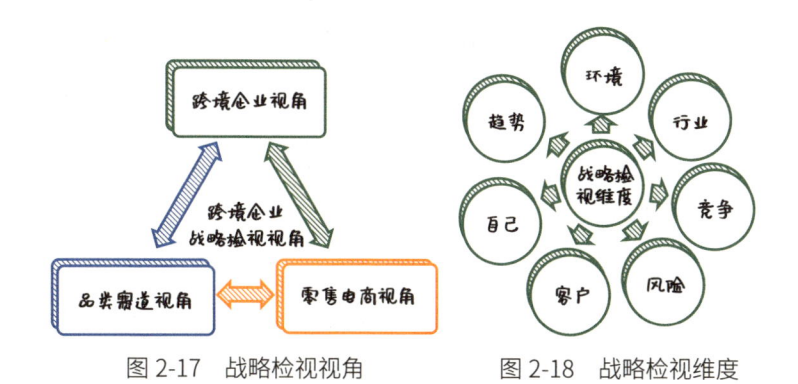

图 2-17　战略检视视角　　图 2-18　战略检视维度

下面以星锐实业有限公司的战略检视为例介绍战略检视维度。

一、诊脉外部环境

（一）看环境

- 中国与美国、日本、欧洲、墨西哥之间的政治风险及贸易摩擦，对小家电出口的影响有多大？
- 企业经营的小家电产品是否涉及垄断业务或限制性行业？
- 在知识产权和专利上，是否占有优势？
- 每个市场的经济机会如何？消费潜力如何？企业更擅长哪个市场？

（二）看行业

- 小家电的行业特征是什么？在上述几大市场中，小家电行业近五年的长期趋势如何？
- 在上述几大市场中，小家电的行业集中度如何？

- 行业中有哪些潜在的标准在发生变化？哪一类需求在增长？
- 小家电企业的成功要素是什么，企业是否具备？
- 行业正在发生哪些不利于我们的改变？
- 目前市场上有哪些空缺？

（三）看竞争

- 企业经营的小家电类目中，竞争对手都是谁？他们的产品、研发、销售、渠道能力如何？企业文化如何？学习行业标杆，主要是学习其成功经验。

- 企业经营的小家电类目中，最接近的竞争对手是谁？他们正在做什么？分析竞争对手并非学竞争对手，企业要找到自己的差异化定位。

- 过去一年有没有出现新的竞争对手，他们去年的业绩怎样？
- 哪些新的竞争对手加入赛道会威胁到我们公司？
- 目前市场上有哪些可以合作的可能性？

（四）看趋势

- 过去一年，小家电行业出现了哪些新趋势？
- 过去一年，小家电行业是否出现了能带来新技术、新产品、新渠道的颠覆者，他们能否改变游戏规则？
- 未来五年，在可以预见的产品和技术发展中，可能会有哪些渠道、流量、技术等新趋势？

（五）看风险

跨境电商是跨国家或地区的线上贸易，链条和节点极长，需要依托诸多类似亚马逊的电商平台，这意味着风险倍增。

- 平台风险：平台自身的经营稳定性如何？业务模式、经营策略等平台政策变化是否会影响企业经营安全？
- 是否有合规风险、侵权风险、税务风险、商标风险？
- 是否有物流风险？
- 各国汇率变动风险如何？

诊脉外部环境：识别外部机会与威胁如表 2-3 所示。

表 2-3　诊脉外部环境：识别外部机会与威胁

维度		机会	威胁
看环境	国际政治环境		
	经济环境		
	海外供需分析、消费趋势		
看行业	进出口情况		
	市场容量预测		
	行业成功关键要素		
看竞争	竞争格局与竞争对手分析		
	平台销量对比、流量对比		
	产品对比		
	公司核心竞争力对比		
看趋势	平台趋势		
	技术创新		
	流量/营销趋势		
	颠覆者威胁		
看风险	平台、合规、物流、汇率等		
结论： 机会点： 威胁点：			

二、诊脉内部能力

（一）看客户

- 主要经营市场中，小家电的主要消费者是谁？他们的消费习惯如何？他们的消费痛点是什么？
- 企业能帮助用户解决哪些痛点？是什么让用户源源不断地购买企业的产品？
- 我们可以做什么，让用户更加依赖我们而不是依赖竞争对手？
- 产品目前有哪些问题，让我们的客户非常不满意？
- 有什么要素是客户关心，目前却没有得到很好满足的？

"看客户"时，客户画像要尽量细化，那些规模化巨头不关注的人群恰恰可能成为机会点。如果我们的客群和大众市场一样，就丧失了竞争力，因为我们在成本和效率上不可能超过那些已经规模化的公司。

（二）看自己

- 对于企业的财务能力、运营能力、产品能力、人才水平、品牌能力，你最自信的是什么？你最担心的是什么？
- 有什么地方我们比竞争对手做得好？
- 有哪些独特的资源是我们公司占有优势的？
- 客户认为我们公司的优势是什么？
- 如果企业遭遇困境，最可能是哪个环节出现了问题？
- 我们的成本在增加吗？

- 我们的上下游靠谱吗?
- 明年你最担心什么?
- 你能做什么来改变竞争格局?
- 我们公司擅长哪些方面?

诊断内部能力,识别企业关键经营能力如表 2-4 所示。

表 2-4 诊脉内部能力,识别企业关键经营能力

模块		维度	优势	劣势
看客户	用户能力	用户画像		
		用户痛点		
		获客成本		
		用户满意度		
看自己	财务能力	收入		
		利润		
		现金流		
	运营能力	供应链能力		
		销售运营能力		
		产品开发能力		
		流程与体系		
看自己	业务/产品分析	成长性		
		竞争性		
		盈利性		
		拓展机会		
	组织与人才能力	目标管理体系		
		激励与考核体系		
		人才招聘与培养体系		
		管理层领导力		
		组织架构		

续表

模块	维度	优势	劣势
看自己	品牌文化	企业对内文化	
		品牌对外知名度	
	结论： 优势： 劣势：		

综合表2-3和表2-4两个工具表格，外部有机会，说明可以做；内部有能力，说明能做；和公司的使命愿景一致，说明想做。三者的相交点，就是企业的战略机会点，如图2-19所示。

图2-19 战略机会点

例如，星锐实业找到的战略机会点是：针对欧美新一代消费者改善生活品质的小家电，着重突出高颜值、有格调、好用、实惠等特点。

第七关 – 通关作业

1. 填写企业外部机会与威胁分析图。

   _____
   _____
   _____
   _____
   _____
   _____

2. 填写企业内部关键经营能力分析图。

   _____
   _____
   _____
   _____
   _____
   _____

3. 结合外部机会与威胁分析图和内部关键经营能力分析图，分析你企业的战略机会点在哪里？

   _____
   _____
   _____
   _____
   _____
   _____

第八关

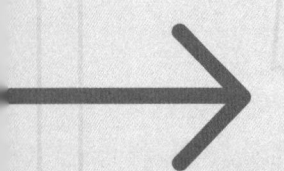

顶层设计
增长飞轮与商业地图

企业如何在长期主义事业上赚到钱?

找到战略机会点后,接着进行企业的顶层设计。这里我们引出两个战略工具,增长飞轮和商业模式画布。从战略机会点到企业顶层设计如图 2-20 所示。

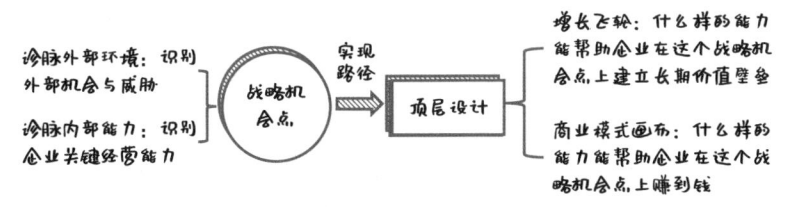

图 2-20　从战略机会点到企业顶层设计

(1)增长飞轮。

什么样的能力能帮助企业在这个战略机会点上建立长期价值壁垒,让企业能像滚雪球一样正向滚动,不断向前。这是一项需要长期坚持的工作。

(2)商业模式画布。

什么样的能力能帮助企业在这个战略机会点上赚到钱。如何避免与规模大的企业进行直接竞争,如何实现差异化竞争?如何创新模式不被时代颠覆？如何积累资源和能力，实现高回报？

一、增长飞轮七步法，构建长期价值护城河

增长飞轮最早由亚马逊创始人贝索斯提出，他讲清楚了亚马逊的增长逻辑和路径：亚马逊通过优质的产品和服务吸引消费者，越来越多的消费者会吸引越来越多优质的卖家入驻，进而不断优化亚马逊的产品和服务体验。更佳的产品和服务会带来更多的客户和卖家，由此形成一个正向循环上升的增长飞轮。亚马逊增长飞轮如图 2-21 所示。

图 2-21 亚马逊增长飞轮

增长飞轮作为动态的战略思考工具，其逻辑在于帮助企业厘清撬动企业长期增长的关键因素和增长链路。这些促进企业长期增长的因子，可能在短期内并不能给企业带来业绩或者利润的增长，甚至需要提前布局消耗更多现金流，但当企业的

增长逻辑形成自闭环时,就能让飞轮转速越来越快,最终获得成功。

增长飞轮七步法如图2-22所示。

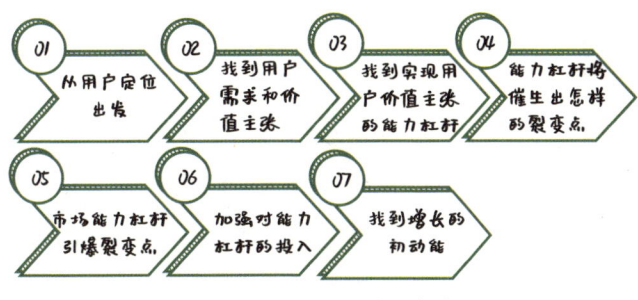

图2-22 增长飞轮七步法

步骤:
01 从用户定位出发
02 找到用户需求和价值主张
03 找到实现用户价值主张的能力杠杆
04 能力杠杆将催生出怎样的裂变点
05 市场能力杠杆引爆裂变点
06 加强对能力杠杆的投入
07 找到增长的初动能

(一)从用户定位出发

详情请查看第七关"看客户"模块,该模块已经进行了详细梳理,可直接把信息填到此处。"看客户"表格如表2-5所示。

表2-5 "看客户"表格

模块	维度	企业情况描述
用户定位	用户画像	
	用户痛点	
	用户成本	
	用户满意度	

(二)找到用户需求和价值主张

例如,影响跨境电商精品卖家的用户需求主要有三类:需求要素、信任要素和服务要素。用户需求与价值主张如表2-6所示。

表 2-6 用户需求与价值主张

要素分类	要素	举例星锐实业有限公司	用户购买意愿度
需求要素	功能	自研产品,有独特性的××功能	★★★★
	品质	品质较好,但不当操作可能造成损坏	★★★
	设计	高颜值、高格调	★★★★★
选择要素	价格	折扣大,性价比高	★★★★
	BESTSELLER	中等偏上	★★
	评分	4分	★★★
	品牌	品牌影响力不强	★
服务要素	物流时效	7天	★
	售后标准	一年损坏,免费换新	★★★★

用户价值主张总结:
设计好,高颜值;功能差异化;价格动人。

(三)找到实现用户价值主张的能力杠杆

购买星锐实业有限公司产品的用户,主要基于高颜值的设计、差异化的功能和动人的价格。如果选择将设计、功能、价格作为长期竞争能力,接着就要思考形成这些能力的杠杆是什么?例如,价格优势是通过更强的供应链降低成本,还是通过研发迭代改变产品结构和材料来降低成本?或者通过信息化提高效率来降低成本?需要基于企业的自身能力积累思考。这里,假设星锐实业有限公司将能力杠杆放在研发创新和供应链上。

(四)能力杠杆将催生出什么样的裂变点?

当星锐实业有限公司将能力杠杆放在研发创新和供应链上时,会带来更多差异化、更好体验、更低价格的产品,这将会催生出什么?是更多爆款还是更多用户沉淀?假设落在产品上,即有可能催生出更多的爆款,爆款是星锐实业有限公司的裂变点。裂变点是指可直接带来业绩增长、值得长期关注,且能够被不断复制的能力结果。

(五)市场能力杠杆引爆裂变点

找到裂变点后,还需要从市场的角度思考如何带来更大规模的爆发。是布局站外引流、网红合作,还是发力于私域运营?即市场营销能力。

(六)加强对能力杠杆的投入

基于以上内容,我们已经得到了三个能力杠杆——研发创新、供应链、营销能力。当星锐实业有限公司通过爆款获得增长之后,需要继续加强对能力杠杆的投入,这样飞轮才能更快速地飞转起来。例如,将更多资金和资源投入研发人才、供应链流程建设、信息化建设和流量矩阵中。

星锐实业有限公司根据企业自身情况进行共创后,选择了投入更强的组织能力建设中。这样,一个初步的增长飞轮就画出来了。跨境电商卖家企业增长飞轮如图 2-23 所示。

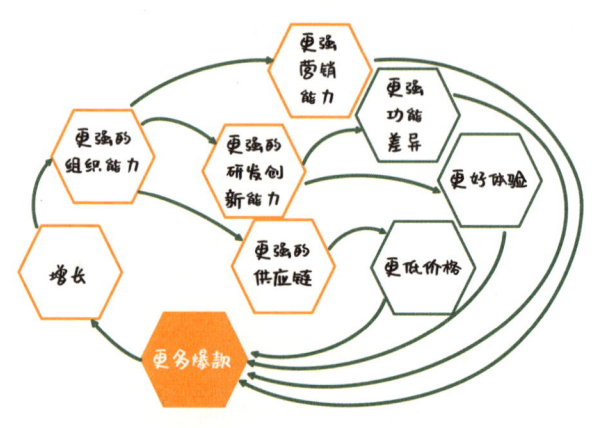

图 2-23　跨境电商卖家企业增长飞轮

(七) 找到增长飞轮的初动能

让我们再看看亚马逊的案例。2000 年前后,亚马逊为了找到初动能,尝试开放平台给第三方卖家入驻,以提供更多高性价比的商品给消费者。另外,为了吸引更多消费者,亚马逊同步推出了免费送货服务。为了让飞轮更快地转动起来,亚马逊还砍掉了大量广告营销费用,转而投入与用户体验改善有关的服务中。在一系列客户体验导向的投入策略的引导下,亚马逊飞轮逐步高速转动起来了。

那么,星锐实业有限公司的飞轮初动能来自什么呢?——第一个爆款。依托这个爆款,提升供应链和产品能力,打磨运营和营销的方法论,接着复制第二个、第三个,甚至更多爆款。也就是说,先打造一个头部爆款,才能撬动这个飞轮转动起来,当爆款到达一定量时,就能吸引更优秀的产研人才和供应链人才,打造更强的组织,来推动下一次大加速,为飞轮提供更多势能。

增长飞轮不仅帮助企业找到了长期竞争壁垒和增长路径,也说明了企业需要长期培养的企业能力是什么?需要哪些人才?他们需要设计怎样的激励机制,来牵引飞轮落地和能力提升?公司需要倡导怎样的价值观来保障飞轮持续转动?还是以星锐实业有限公司为例,设计能力、效率能力、品牌能力和爆款能力,是星锐实业的核心能力,企业在设计激励机制时,也要围绕这四大能力展开。

这里还会遇到另一个问题,在同一品类赛道下,同一模式的企业的增长飞轮可能会趋同。那为何有些企业逐渐成为行业巨头,而有些公司却还是小作坊?有以下几个关键点。

1. 找出长期价值要素后,需要以压强原则给予长期投入

跨境电商企业的长期竞争力大致有产品研发能力、供应链能力、信息化能力、创新能力、数字化能力、组织与人才能力、全渠道营销能力、品牌能力等。企业根据自身实际情况,确定长期价值要素后,需要思考以下四点:

(1)建立这种优势需要多长时间?这时候需要给予压强原则,在资源、人才、时间、精力上进行长期和聚焦投入,才能更快超越竞争对手。压强原则如图 2-24 所示。

(2)优势建立后,如何正确应用优势,给企业带来最大能效?

(3)对于我们的优势,竞争对手多长时间会作出反应?他们会如何应对?

（4）企业的预案是什么？

图 2-24　压强原则

2. 提前应对增长飞轮在快速增长过程中遇到的阻力

在增长飞轮的推动下，企业规模增长，同步增长的还有阻力。规模增长越大，阻力也越大。阻力来了，企业的组织、人才、流程、机制等一定要能够支撑得住。

例如，人员庞大带来的管理复杂度增加，人效降低；庞大的业务量，考验着企业的项目管理、流程管理、成本管理的有效性；存量市场越来越小，增长难度越来越大，扩展的增量边界在哪里？

所以，企业在不断增长的同时，还要不断看到阻力、解决限制增长的阻力问题，如图 2-25 所示。

3. 增长飞轮的本质在于定力，在于长期主义

今天我们看到亚马逊的成功，惊讶于它的增长飞轮，但是这是增长飞轮转了 20 年才带来的成果。在这 20 年间，亚马逊经历过营业收入和利润大幅下滑，但贝索斯仍然关注客户，砍掉无益

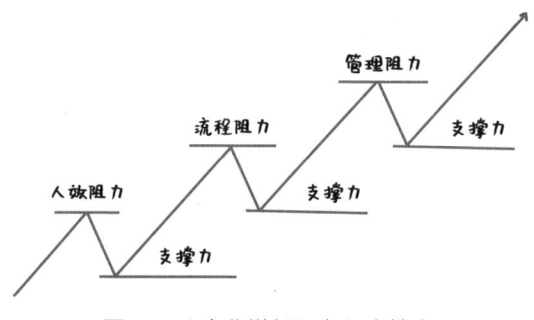

图 2-25　企业增长阻力与支撑力

于增加用户体验的支出,把钱花在提升用户体验上,以加速飞轮转动。同时,坚持基础设施建设,提升效率、降低成本。贝索斯想过放弃吗?我想他肯定自我怀疑过,但他没有放弃。

所以,企业的成功不在于制定一个好的增长飞轮,而在于定力,在于对长期主义的坚持。很多企业一旦业务增长受阻,就对自己定下来的增长飞轮视而不见,寻找一些短期的增收之道。放弃了正确的方向判断,增长飞轮就形同虚设。

此外,在推动增长飞轮的长期坚持中,要给予项目正确的评价指标。例如,前期放弃对业绩收入的考核,更多看客户数、复购率、客户满意度等,导向对业务价值的正确判断,而非短期业绩论。

4. 优秀的公司,没有明显的短板

星锐实业有限公司将产品设计、创新功能、性价比作为长期竞争能力,但是随着企业的发展壮大,品牌、物流时效、品质等得分较低的板块也会掣肘企业的发展。所以,在不断做长长板的同时,也要逐渐弥补短板,不要让短板卡住脖子。

二、商业模式画布战略工具，设计盈利逻辑

诺基亚和柯达为什么会失败，是竞争对手打败了他们吗？不是，他们是被整个发展趋势打败的。

雀巢集团的食品包括饮料、奶粉和水等，但雀巢高层认为含糖类食品对身体健康有害，可能会在未来几年内面临越来越高的风险。所以雀巢把糖果业务出售给了费列罗，同时投入更多资源开发另一种商业模式——胶囊咖啡机，并把B2B模式变成了B2C模式。在过去的25年中，雀巢依赖这种商业模式每年产生70亿美元的销售额。近些年来，一些竞争对手开始生产类似的咖啡胶囊在雀巢咖啡机上使用。面对这样的情况，雀巢又对商业模式进行了进一步改良，推出了更多新产品、新模式，也进行了一些收购、并购和投资，从而降低商业模式的风险。

在海底捞前期的商业模式中，其底料、食材、仓储的供应商等多为外部合作供应商。现在，海底捞成立了多家子公司，将重要伙伴从外部合作供应商变成了自己的子公司。这有利于海底捞进一步降低成本、把控食品质量安全。同时，关键业务也从门店服务拓展至外卖平台、商超、便利店等，降低外部不断涌入新型火锅店的竞争风险。

跨境电商明星企业Anker，在产品创新上持续深耕"浅海"小品类，不过度扩张。阳萌将消费电子市场比喻成大海，将公司战略确定为"浅海"战略。"浅海"市场指有一定市场需求但又不是太过火热的市场。该品类仍处于产品生命周期的萌芽

期或成长期,有创新空间。在渠道与客户关系方面,亚马逊有一个很大的调整是从亚马逊渠道品牌逐渐拓展到线上线下的全球化品牌。亚马逊极为重视投入研发,2022 年其全球员工中研发人员就占到了 47%,全球创新大奖多达几百项,形成技术壁垒。

以上都是商业模式调整的案例,所以,什么是商业模式画布?

简单来说,商业模式画布说清楚了企业靠什么赚钱,盈利模式是什么,资源整合、降低成本和提升效率的方法和策略是什么,是一个设计价值、传递价值和获得价值的过程。

商业模式画布,以"价值主张"模块为分割线,右侧是"价值侧",即为谁提供价值,提供什么价值,如何不断让用户感知的价值最大化;左侧是"效率侧",即如何提高效率、降低成本。商业模式画布如图 2-26 所示。

9. 关键伙伴	8. 关键业务	3. 产品价值主张	4. 客户关系	1. 客户定位
谁可以帮我?	①为了完成目标,我们最关键的业务是什么? ②CEO需要关注的最核心业务指标是什么? CEO的日常管理重点是什么?	①我们的产品理念是什么? ②产品持续的竞争力是什么? ③产品的发展规划是什么?	①我们如何与客户进行长期关系的维护? ②如何促使客户持续购买?	①核心客户群体是谁? ②精准的客户画像是什么?
	7. 核心资源		5. 销售渠道	2. 组织定位
	①我们拥有什么? ②为了达成目标,我还需要做什么?		①现在通过哪些渠道触达客户,完成产品销售? ②未来还会考虑哪些通道? ③销售通道建设的优势是什么?	①企业愿景 ②战略定位
10. 成本结构			6. 收入来源	

图 2-26 商业模式画布

思考企业商业模式画布要注意以下几点：

（1）我们通常讲的商业模式创新，创新聚焦点不在于竞争，而在于客户价值创造，即解决哪些目前解决不了的客户痛点？有没有更好的方式解决痛点？

（2）商业模式画布是静态的，具有一定局限性，企业需要定期审视和评估。既要对每个板块进行单独评估，也要进行整体评估。触发颠覆性的创新就来自定期审视，审视的重点在于发现问题。

（3）每个板块都要表述清晰。例如，重要合作伙伴是物流商、厂家，这种答案并不能作为战略指引的有效答案。有效的重要合作伙伴的表述应该是：基于当前的价值主张、渠道通路等其他模块，与企业产生重要合作的供应商应该是"具备生产管理系统、具备自动化生产能力的工厂"等。

（4）十大模块之间缺乏关联。例如，渠道通路的答案是TikTok，但是在长期关系中不考虑新渠道对客户关系起到的新影响，同时在重要合作、关键任务中不考虑发展新渠道所需要的能力。

（5）大公司有多元化业务，那么商业模式不止一个，而是有多个。

（6）换个视角自查：当企业不赚钱时，下面每个环节会出现什么问题？商业模式画布自省视角如图2-27所示。

8. 关键伙伴	6. 关键业务	5. 产品价值主张	3. 长期客户关系	1. 客户定位（细分）
①合作伙伴没有清晰的标准 ②合作伙伴没有形成价值同盟 ③合作伙伴缺少梯队	①关键业务不清晰，没有形成共识，CEO没有北极星指标 ②北极星指标太多，没有对核心能力形成推动力	①对产品缺少清晰的定位 ②产品投入不足，产品的差异化、性价比、体验优势不明显	①对客户的黏性，没有有力的价值抓手 ②产品价值和服务价值不清晰，客户感受不到	①没客户定位 ②客户定位不精准，太泛
	7. 核心资源	③产品缺少长期规划 ④有可能是客户不想要的产品 ⑤造不出来客户想要的产品 ⑥产品没办法产生价值	4. 销售渠道规划	2. 组织定位（愿景）
	①优势资源沉淀不足 ②对资源的需求画像不明确，对资源价格关注多，对资源背后的质量和稳定性等关注较少		①现在通过哪些渠道触达客户，完成产品销售？ ②未来还会考虑哪些通道？ ③销售通道建设的优势是什么？	①没有企业愿景 ②企业愿景与战略断层，与日常管理脱钩
9. 成本结构成本结构不合理				10. 收入来源

图 2-27　商业模式画布自省视角

【案例 8】SHEIN 的商业模式画布

2022 年，SHEIN 营收为 227 亿美元，同比 2021 年增长 54%，其在 2022 年 4 月的估值高达 1000 亿美元。虽然 2023 年年初其估值有所下降，但仍是跨境电商行业无可撼动的巨头。

从 2012 年成立以来，SHEIN 的商业模式也发生过几次变迁。早期 SHEIN 是以定制化的特殊场合服饰（如婚礼服、毕业礼服、晚会礼服等）切入的。随着原始资本、用户数的快速积累，定制化服饰限制了 SHEIN 的发展，SHEIN 开始将女性时尚服饰作为主打产品。

在接下去几年，SHEIN 以 App 为主阵地，专注时尚类服饰，超越 Zara、H&M，成为世界快时尚巨头。

但现在 SHEIN 的商业模式进一步发生了变化，为了与亚马逊抗衡，SHEIN 开放供应商合作，将自己从一个单一品牌的电商独立站转型为一个多品牌、多品类、多场景的电商平台。如果平台转型成功，可以降低 SHEIN 自身运营成本和风险压力，增加收入来源和利润空间，建立一个更强大的生态系统和社区效应。

对于自己一直坚守的高性价比模式，SHEIN 也在进一步调整。SHEIN 一面横向覆盖，通过供应链优势拓展了内衣、美妆、家居、宠物等多个类目，完成品牌矩阵的扩张，与其他 DTC 消费品牌竞争。SHEIN 另一面又纵向延伸，2022 年以来 SHEIN 面临新竞争对手拼多多旗下平台 TEMU 的强势出击，推出高端品牌，发力高端市场。

为了重新拉开与竞争对手的差距，SHEIN 会如何调整呢？一场激烈的商业战争还在继续。

客户定位

人群：以 18～35 岁的年轻女性为主。

消费特征：收入水平一般，希望买到高性价比、有特色、个性的时尚单品，习惯线上购物，社交媒体的主要参与者。

用户爱好：喜欢时尚、美妆、宠物、家居等相关产品。

用户数：全站注册用户数达 1.2 亿人，覆盖全球 224 个国家和地区。

组织定位

使命：人人尽享时尚之美。

愿景：创立世界级快时尚品牌平台。

产品价值主张

产品理念：品类多、上新快、款式多、价格低、质量好。

产品规划：已布局时尚女装、男装、童装、内衣、美妆、宠物、家居等。例如，年轻快时尚ROMWE、高端服装MOTF、欧美快时尚EMERYROSE、韩系服装DAZY、运动时尚Glowmode、内衣品牌Luvlette、彩妆品牌SHEGLAM、鞋履品牌Cuccoo、宠物品牌PETSIN。

产品竞争力：从性价比高的快时尚向高端服饰拓展，拓展非服饰品类产品，从自营产品到开放第三方入驻平台。

客户关系

构建成瘾性的时尚移动电商App购物体验，如低价、折扣、免费退货，鼓励用户快速购物而无须担心购买的产品是否合适；平均日上新量达到5000～7000SKU鼓励用户不断回到App；提供货到付款选项，去除购物流程中的障碍；带有图片和视频的大量评价、评论，提高信任度。

App留存机制：积分系统、激励用户留下评论；鼓励用户产生内容；KOL/KOC开发合作，进行直播、短视频、内容分享等传播。

重视对社交媒体营销的投入：希望用户通过社交媒体充分表达自己的意见、分享自己对服装的体验、传播自身的心情与感受。

销售渠道

线上：以自营官网为主，开设美国站、英国站、德国站、法国站、西班牙站、巴西站等全球多个站点。

利用自媒体，如Facebook、Instagram、LinkedIn、Snapchat、Pinterest、TikTok等，Affiliate联盟营销、SEO/SEM、数字广告投放、站外remarketing、automation自动化营销等进行站外引流。

入驻跨境电商平台：亚马逊、ebay等。

允许第三方商家入驻：在巴西推行类似"平台+店铺"的模式，

提供平台给商家开线上店铺，所有运营和物流配送全部都由商家自行负责。

线下：在美国、法国、英国、德国、巴西、日本等多个国家的多个城市开设快闪店，与用户亲密互动、进行线下推广。

收入来源

连续四年实现盈利，2022年利润达到7亿美元。

关键业务

构建一套从工厂车间到App用户端的系统，实现全链条的数据协同。

精准判断时尚趋势：通过AB测试、大数据、AI算法等自动监测互联网消费者趋势数据、SHEIN自身的数据、竞品数据等，精准判断时尚趋势。

前沿的产品设计：快速进行产品企划，内部设计师自主研发；SHEIN X项目在全球持续招募设计师，与外部近3000名设计师合作。

快速打样：最短三天内将产品从绘图板转为线上产品；准备优质图片、测品等。

柔性供应链：双赢的供应链合作模式，1000多家供应商；小单快反、快出货周期，最快七天即可出货。

快周转的物流仓储：国内中心仓、海外中转仓和海外运营仓；在海外建立本土海外仓，保证配送时效；接受服装的高退货率，退货产品再次销售，快速周转。

全渠道营销引流：前端源源不断地进行App引流及用户的留存和复购。

CEO重点关注指标产品的上新速度、日活数、复购数。

核心资源

实体资源：拥有南京、深圳、广州、杭州四个研发机构，以及覆盖全球的末梢配送网络。

虚拟资源：自建供应商管理数字化体系30～40个系统；设计师IT赋能体系；设计辅助体系；用户分析体系；生产控制体系等，共300多套系统。

黏性高的App和品牌站；服装头部品牌；服装核心供应链；服装之外，时尚类目优质供应链。

重要伙伴

内部员工：链接商品中心、供应链中心、IT研发中心、数字智能中心、运营中心、客户服务中心、组织发展和赋能中心、财务中心。

全球的物流体系。

资本方：红杉资本、老虎环球管理和IDG资本、泛大西洋投资集团等。

成本结构

毛利率：50%～55%。

物流费用：通过航空运输，从广州发货，保证11天到货，履约成本约占客单价的17%。

第三方平台佣金：8%～15%。

App引流费用。

公司经营费用。

员工成本。

第八关 – 通关作业

1. 根据增长飞轮七步法，画出你企业的增长飞轮，并思考：你企业的增长飞轮初动能是什么？

2. 根据商业模式画布工具，设计你企业的盈利逻辑。

3. 作为 CEO，根据商业模式画布，思考：你每年最重要的事是什么？你每月最重要的事是什么？你每天最重要的事是什么？

_____
_____
_____
_____
_____
_____
_____
_____

4. 思考：你的企业自成立至今，商业模式是否发生过改变？是如何改变的？是否背离了企业的增长飞轮？改变的背后是为了做强价值侧还是效率侧？

_____
_____
_____
_____
_____
_____
_____
_____

第九关 穿越者
制定 1~3 年战略目标

战略管理，需要做一年看三年。

一、战略管理的不同层次

制定战略之前,我们先看看企业战略管理的不同层次,如图 2-28 所示。企业的战略管理是一个层次化的体系,强调整体优化,是层层往下落的过程。

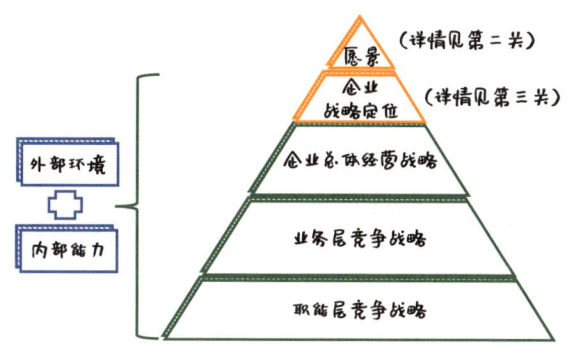

图 2-28 企业战略管理的不同层次

愿景作为企业的十年目标,确定了十年后企业要做成什么样子。企业的战略定位,强调在通往愿景的这条赛道上做正确的事,在客户、上下游合作伙伴的选择上,建立明确的、差异化的原则。接着再往下落,战略可分为三个基本层次:企业总体经营战略、业务层竞争战略、职能层竞争战略。

（一）企业总体经营战略

简单来说，企业总体经营战略是指企业总体上如何与竞争对手竞争，主要有以下三类。

1. 发展战略

思考清楚企业的发展方向、发展速度、发展能力在哪里。发展战略包括三种基本类型：一体化战略、密集型战略和多元化战略，如表 2-7 所示。

表 2-7 企业发展战略

一体化战略	纵向一体化战略	企业沿着产品链或业务链向前或向后，延伸和扩展企业现有业务的战略	横向一体化战略 企业收购、兼并或联合竞争企业的战略。减少竞争压力、实现规模经济和增强自身实力以获取竞争优势
	前向一体化	通过控制销售过程和渠道，有利于企业控制和掌握市场，增强对消费者需求变化的敏感性，提高企业产品的市场适应性和竞争力。例如，卖家独立站业务，把销售渠道掌握在自己手上而不是掌握在平台手上	
	后向一体化	获得供应商的所有权或加强对其控制权。例如，越来越多卖家自建工厂	
密集型战略		企业在原有业务范围内，充分利用产品在市场方面的潜力来求得成长的战略。彼得斯和沃特曼把这种集中战略称为"坚守阵地"，这种战略强调通过更强的营销手段、开发小众市场、调整新老产品的组合策略，进而获得更大的市场占有率	
多元化战略		企业进入与现有产品和市场不同的领域，分为相关多元化和非相关多元化。多元化最大的风险来自资金和资源的分散，可能陷入新业务陷阱	

2. 稳定战略

企业不改变基本的产品或经营范围,保持与过去一贯的成长速度,对产品、市场等方面采取以守为攻的策略。如果企业正处于上升期,或者所处的行业仍处上升趋势,大多数企业会采取稳定战略。

跨境电商企业大多采用稳定战略,在战略规划期内所追求的绩效按大体的比例递增。

3. 收缩战略

由于经营不善或战略转型,企业不得不进行收缩。收缩战略一般分为紧缩战略、转向战略、放弃战略。

紧缩战略的根本目的是以退为进,使企业经过风暴后转向其他战略。有时,只有采取收缩和撤退的措施,才能抵御竞争对手的进攻,避开环境的威胁和达到自身资源的最优配置。

以星锐实业有限公司为例,2013—2020年,它采取的是发展战略;2021年,星锐实业有限公司转向稳定战略,整体求稳;2022年,由于经营不善开始转向收缩战略,以退为守。

但不管是发展战略、稳定战略还是收缩战略,都会面临相应的战略陷阱。

(二)业务层竞争战略

业务层竞争战略是指业务层面如何竞争。企业需要清晰每块业务的竞争模式(进攻)、风险体系(防御)和能力优势。迈克尔·波特将业务层的一般性竞争战略分为三类:总成本领先战略、差异化战略、集中化战略,如表2-8所示。

表 2-8 业务层竞争战略

分类	需要的资源	组织能力匹配
总成本领先战略	很多铺货卖家的战略，本质上是"总成本领先战略"。那么，这类铺货卖家需要： ①在原材料优势、规模化、经验沉淀、信息化技术提升上不断加强，严格控制成本； ②严格控制企业的管理费用、营销费用、销售费用等各种费用； ③专注于最大客户群，不要让次要客户分散精力	①利用相关的信息化技术，提升组织人效； ②定期制作详细的成本控制报告，进行结构化组织安排和责任调整； ③匹配相应标准的激励机制
差异化战略	很多精品卖家都采用差异化产品战略，这类卖家需要： ①具有强大的需求调研能力； ②对产品具有不断迭代的创新意识； ③强大的营销能力	①用户洞察部门、产品开发部门、营销部门之间需要进行紧密合作，建立一套有效的协同机制； ②匹配相应的以质量、创新为主的激励制度； ③组织氛围好，能吸引高水准的创新人才加入
集中化战略	服务规模较小、具有特定战略目标的对象，企业可以通过低成本或者是差异化的方式，或者是两者结合的方式来服务某一特定群体。 例如，专注于某一区域市场、提供某一细分领域产品的跨境电商卖家，就采用这一战略。选择这一战略的跨境电商企业需要注意选择那些最不容易被替代品替代或不被竞争对手关注的目标群体作为服务对象	

（三）职能层竞争战略

职能层竞争战略是指各职能板块如何支撑企业总体战略和业务层战略。职能层竞争战略包括品牌战略、财务战略、人力资源战略、供应链战略、产品战略等。

例如，品牌上是进攻型还是保守型？人力资源上，是大力引进人才还是优化汰换？职能层竞争战略要根据企业的总体战略来调整匹配。

二、制定三年战略目标

在第八关中，增长飞轮和商业模式画布让企业的顶层经营逻辑逐渐清晰。同时，我们也了解清楚了战略管理的不同层次。接下来开始进行三年战略目标（见图 2-29）和年度战略目标的制定，把战略机会点变成切实可行的目标成果。

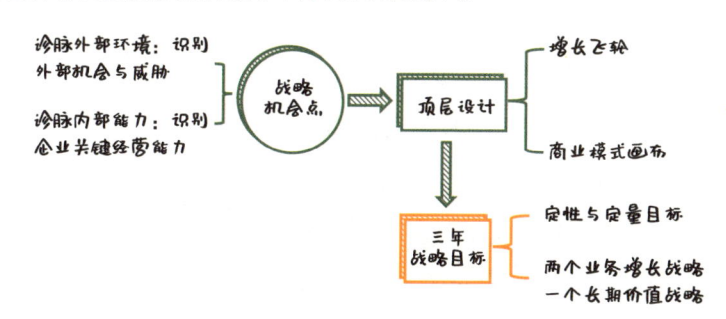

图 2-29　三年战略目标路径图

（一）基于公司的顶层设计，思考：你现在是谁？在哪个位置？未来三年，你将成为谁？想到哪个位置？

这里包含两个目标：

一是定性目标，指明发展方向，即公司现在是一家靠什么竞争力存在、靠什么赚钱的公司？三年后，你想成为什么样的公司？你公司的独特竞争力是什么？

二是定量目标，指明生存能力，即公司的财务目标。

（二）如何实现三年定性目标和定量目标？

两手抓战略模型如图 2-30 所示。

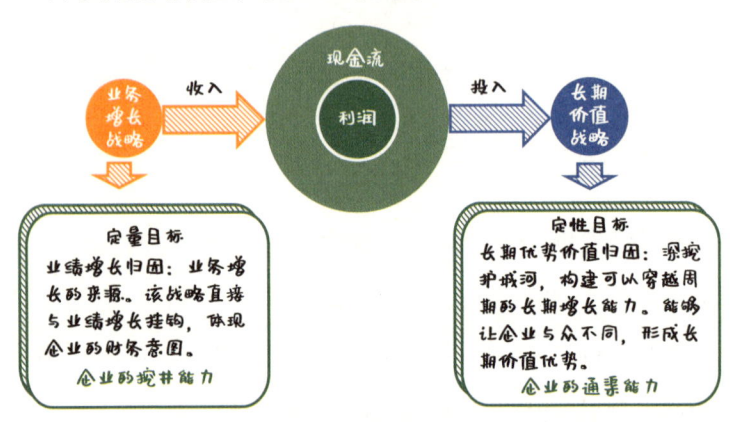

图 2-30 两手抓战略模型

我们将三年定性目标和定量目标进行策略拆解：

定量目标与业绩增长要素挂钩，体现企业的财务意图，我们称之为业务增长战略。

定性目标体现的是企业的长期增长要素，在竞争中能够让企业与众不同，构建穿越周期的长期增长能力，我们称之为长期价值战略。

业务增长战略和长期价值战略，前者是企业的挖井能力，解决今天喝水的问题；后者是通渠长期增长能力，解决未来活水源源不断的问题。CEO 要两手抓，两手都要硬。而定量目标的实现可以为定性目标"输血"，不断地推动企业去往既定位置。

（三）基于两手抓战略模型，梳理出三年战略目标

三年战略目标表如表 2-9 所示。

表 2-9 三年战略目标表

定性目标	当下				
	未来三年				
战略指标维度		第一年量化目标	第二年量化目标	第三年量化目标	撰写来源
定量目标即财务目标	收入				增长飞轮 +商业模式画布
	利润率				
业务增长战略目标两个					
长期价值战略目标一个					

基于聚焦的角度，建议业务增长战略目标写两个，长期价值战略目标写一个。

跨境电商业务增长要素和长期价值要素举例如图 2-31 所示。只有当企业达到和保持高于行业平均的增长速度和行业中主要竞争对手的增长速度，才能获得更大的规模效应，吸引更优秀的人才，推动更快更大的发展。

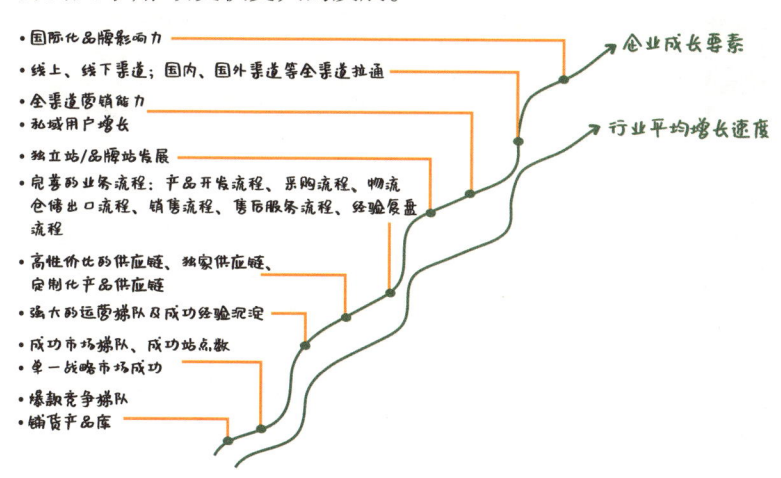

图 2-31 跨境电商业务增长要素和长期价值要素举例

【案例 9】星锐实业有限公司的三年战略目标图

以星锐实业有限公司为例,经过前面的战略目标制定流程,三年战略目标逐渐清晰,如表 2-10 所示。

表 2-10 星锐实业有限公司的三年战略目标表

定性目标	当下	我们现在是一家以亚马逊为主的精品卖家		
	未来三年	我们要成为一家在欧美小家电领域具有强势竞争力的品牌企业		
战略指标维度		第一年量化目标	第二年量化目标	第三年量化目标
财务目标	收入	5亿元	6亿元	8亿元
	利润率	12%	13%	15%
业务增长战略目标两个	爆款提升战略	A级爆款数:年销售额500万美元以上库存周转标准:70天		
		10款	10款	10款
		B级爆款数:年销售额700万美元以上库存周转标准:60天		
		3款	7款	10款
		C级爆款数:年销售额1000万美元以上库存周转标准:55天		
		1款	2款	4款
	新市场开发战略	英国市场GMV 2000万英镑	德国市场GMV 5000万欧元	南美市场GMV 1000万美元

续表

长期价值战略目标一个	打造极致性价比	建立品控体系，确保产品品质100%达标	建立研发中心，优化产品结构和材质，让核心产品的供应商生产成本降低30%以上	整合供应商资源，实现70%的产品都从前五大核心供应商生产交付，降低采购成本10%以上

三、制定年度战略目标

三年战略目标制定好了，接着继续拆解，从三年战略目标中把第一年的战略目标梳理出来。年度目标路径图如图2-32所示。

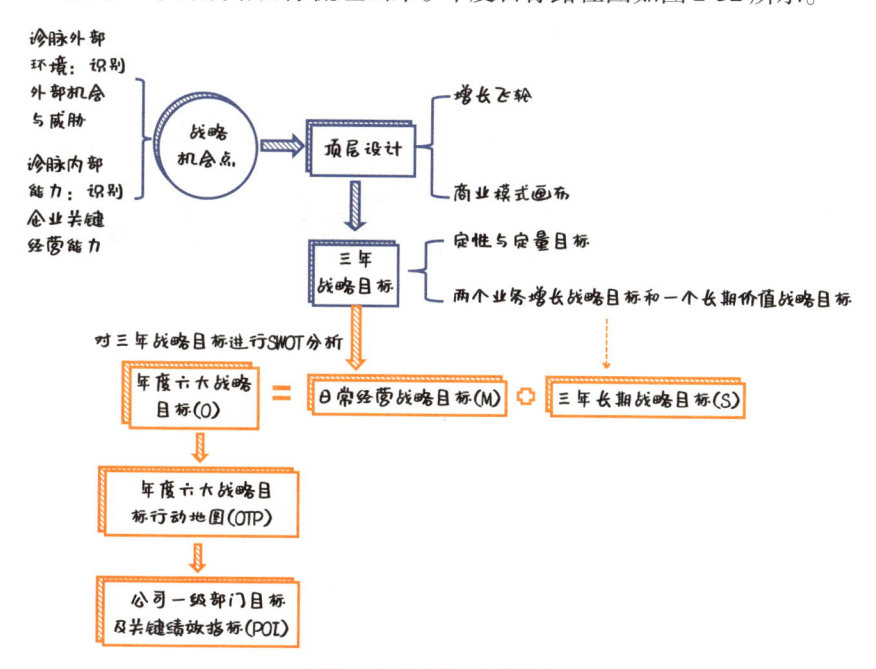

图2-32　年度目标路径图

（一）基于三年战略目标，进行 SWOT 分析

这里我们引入 SWOT 分析工具表，如表 2-11 所示。SWOT 的使用需要注意以下几点：

（1）所有内容的填写要基于三年战略目标进行，当把握不准时，看是否符合长期战略导向。

（2）三年战略目标需要获得高管团队达成高度共识，基于共同的目标进行 SWOT 分析。

（3）进行 SWOT 分析前，需要进行大量事实研究，对公司优势、劣势和机会、威胁有客观的认识。如果你在第七关中对企业的优势、劣势和机会、威胁进行过详细分析，这里可以直接采用第七关的分析结论。

表 2-11 SWOT 分析工具表

外部环境	内部能力	
	优势（S）	劣势（W）
	详情见第七关	详情见第七关
机会（O） 详情见第七关	1. SO 增长型战略 利用这些——进攻策略 思考路径：企业内部优势与外界机会相互匹配的情况下，企业利用自身优势撬动外部机会，使机会与优势充分结合，促进企业发展。 核心要点： （1）敏锐洞察到机会或趋势； （2）战略定力，抓住机会； （3）压强原则，即在成功关键因素和选定的战略生长点上，以超过主要竞争对手的强度进行配置资源	2. WO 扭转型战略 改进这些——扭转弱势 思考路径：当企业内部优势与外部提供的机会无法匹配时，企业的优势再大也无法发挥。如果不想错过外部机会，只能将内部能力劣势向优势转化，或者避开企业劣势。 核心要点： （1）扭转企业劣势能力； （2）进行战略转型

续表

威胁(T)	3. ST 多元化战略	4. WT 防御型战略
	监视这些——克服脆弱性 思考路径：当外部环境对公司构成威胁时，优势得不到充分发挥，出现优势不优的脆弱局面。 在这种情形下，努力使优势因素趋于最大，威胁因素趋于最小。 核心要点： 利用优势，降低威胁，多种经营	消除这些——生存策略 思考路径：当企业内部劣势与外部环境威胁相遇时，企业面临严峻挑战，如果处理不当，可能直接威胁企业的生存。 核心要点： （1）收缩业务，资源聚焦在其他关键业务上； （2）严密监控竞争对手动向； （3）加强风险管控预案

（4）什么是企业真正的优势与劣势？什么是企业真正的机会与威胁？可以通过表2-11的标准和避坑项进行自检。

（5）SWOT填写要点要避免描述不够清晰（见表2-12）。例如，产品力强究竟是产品的体验好还是质量好，不同的要素会决定不同的战略和策略。

（6）SO、WO、ST、WT这4大战略的设计需要注意逻辑关系。一个好的战略书写格式是"通过A，达成B"，同时一个好的战略一定要回答清楚两个问题：为什么要达成B？为什么通过A达成B？

表2-12 SWOT填写要点

要点	标准的	避坑的
优势	（a）企业的核心能力，能够提高客户价值； （b）能够带来竞争优势，竞争对手难以模仿和超越； （c）具有长期价值，是能至少支撑三年的战略规划	（a）短期的，与企业的三年战略无关； （b）在行业中水平处于中下游，不具备竞争力

第二部分　卓越企业的15阶增量之旅　　183

续表

要点	标准的	避坑的
劣势	（a）基于战略目标出发； （b）影响企业实现目标	（a）与战略目标的达成无关，偏离战略导向； （b）表面短板和问题
机会	（a）符合使命—愿景—战略定位的赛道； （b）有助于击穿核心能力； （c）有助于成为赛道独角兽	（a）遥不可及的； （b）非战略意义的； （c）机会太多，过于分散核心资源
威胁	（a）影响企业持续经营和发展； （b）对企业有颠覆性威胁	对影响生存的问题重视度不足

（二）梳理出六大年度战略目标

六大年度战略目标路径图如图2-33所示。

（1）财务目标：体现战略意图，评估战略成效。

（2）客户价值目标：如何为客户创造价值，如何让客户持续增长？

（3）内部运营目标：内部工作效率如何提升？人效如何提升？库存周转率如何提升？哪些流程需要优化？信息化能力如何提升？

（4）组织与人才目标：人才的选、用、育、留、出等方面的机制。

（5）业务增长目标：业务增长的来源，业绩增长的关键直接战略。

（6）长期价值目标：深挖"护城河"，构建可以穿越周期的长期增长能力，打造竞争优势。

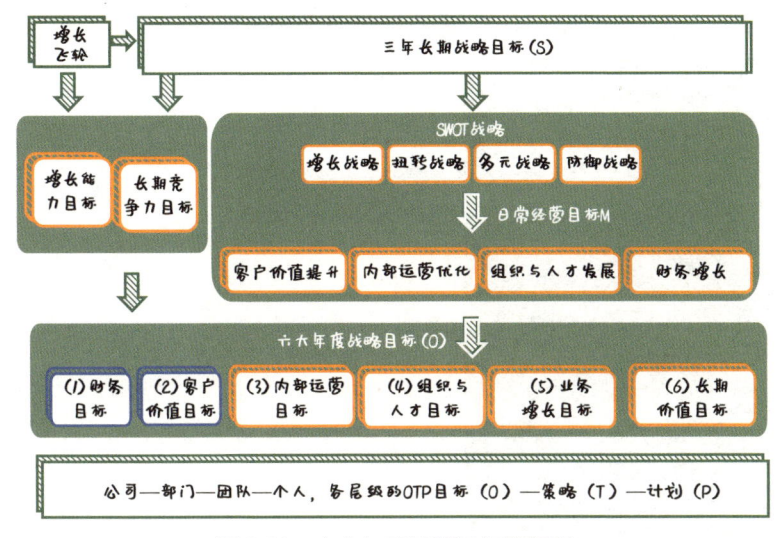

图 2-33 六大年度战略目标路径图

企业的成功，一方面需要高效的日常经营能力，稳健推进年度每个目标的实现；另一方面需要做一年看三年，具备长期的战略管理能力，实现阶段性的持续突破。

企业成功＝高效的日常经营能力（一年）＋长期的战略管理能力（三年）。

企业的年度胜仗＝业务增长目标＋长期价值目标＋财务目标＋客户价值目标＋内部运营目标＋组织与人才目标。

组织与人才目标是内核，内部运营目标是保障，客户价值目标实现了才能实现业务增长目标，业务增长目标达成了才能实现财务目标，财务目标会源源不断地为长期价值目标"输血"，企业才能持续稳定地从当下走向未来。

六大年度战略目标表如表 2-13 所示。

表 2-13　六大年度战略目标表

定性目标	当下：	
	未来三年：	
战略指标维度（S）		目标来源
日常经营战略目标（M）	财务目标	
	客户价值目标	
	内部运营目标	
	组织与人才目标	
三年长期战略目标（S）	业务增长目标	
	长期价值目标	

三年长期战略目标（S）、日常经营战略目标（M）、六大年度战略目标（O）之间是什么关系？

三年长期战略目标（S）即战略（Strategies），它来源于增长飞轮和商业模式画布，以三年为一周期，分解到每个年度，滚动调整，STP 的第一年目标是 MTP 的目标。

日常经营战略目标（M）即经营（Management），它来源于对三年战略目标的 SWOT 分析，以一年为周期，滚动调整。

六大年度战略目标（O）即目标（Objective），它来源于三年长期战略目标（S）和日常经营战略目标（M）。公司级的战略目标（O）往下层层拆解，落实到每个部门承接，梳理出每个部门的 O、每个团队的 O、每个人的 O，如图 2-34 所示。

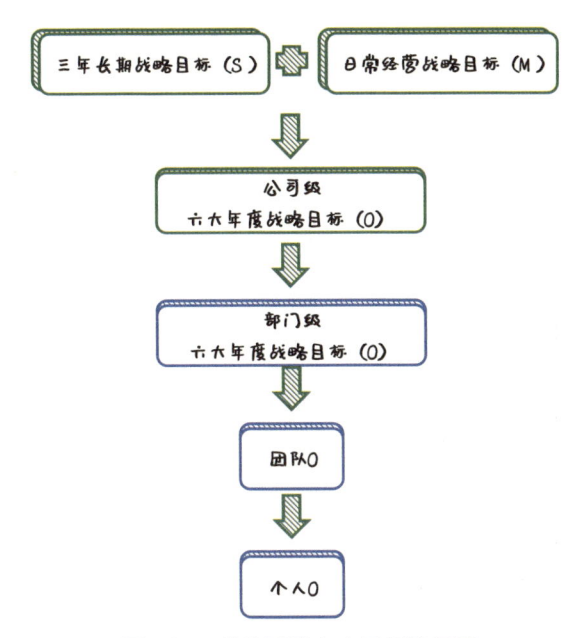

图 2-34　从公司到个人目标路径图

（三）解码出六大年度战略目标行动地图（OTP）

六大年度战略目标行动地图如表 2-14 所示。

表 2-14　六大年度战略目标行动地图（OTP）

定性目标	当下					
	未来三年					
财务目标	目标营业额					
	目标净利润/ 目标毛利额					
战略目标 （O）	战略	一级责任人	策略 （T）	关键战役/行动 计划（P）	二级责任人
财务目标				1	
				2	
				3	
				4	

续表

客户价值目标				5	
				6	
				7	
				8	
内部运营目标				9	
				10	
				11	
				12	
组织与人才目标				13	
				14	
				15	
				16	
业务增长目标两个				17	
				18	
				19	
				20	
				21	
				22	
				23	
				24	
长期价值目标一个				25	
				26	
				27	
				28	

1. 如何解码出战略目标的年度行动地图？

战略目标解码，即通过高管团队集体共创的形式，把承载着企业增量的战略目标责任分解下去，让每个员工理解战略，并且清晰自己在战略中的位置，知道如何执行。换句话说，战略目标解码就是找出目标的实现路径，跨越战略规划与执行之间的鸿沟。这里使用OTP目标解码模型对目标进行解码,如图2-35所示。

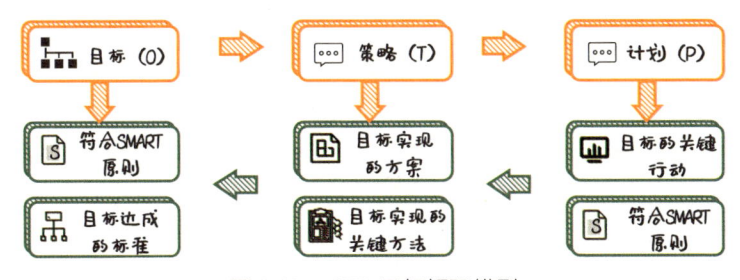

图 2-35 OTP目标解码模型

在以往很多企业的目标思考模型中,都是先制定目标(O),紧接着拆解计划(P),而忽视了中间最重要的一环——策略(T)。战略要被实现就要进行正确的解码,而解码的关键就在于思考清楚策略,所以OTP目标解码模型的关键也在于对策略(T)的思考。那么,目标、策略、计划有什么区别呢?

目标:强调方向。企业的前进方向,决定打不打、打哪里。战略要聚焦,做减法。

策略:强调重心。保证战略的实施和推进,强调聚焦重点,决定怎么打胜算最大、企业利益最大。涉及布局问题,在时间和空间维度上对优势、矛盾、人才、资源进行创新组合和优化配置,在组合中选择成事的最佳路径。为了实现战略,策略可以做加法。

计划:强调节奏和执行力。把握全局的各个阶段特点和节点,以及各个阶段的战略重心和决胜点,走一步看几步。让战术得到坚决贯彻实施。所有伟大的战略,离开了坚决的执行力都是画饼。

战略多是自上而下的,先明确方向,再找准最佳策略,接着定下行动计划，最后需要各层级以坚决的执行力完成一个个大计划和小计划。在这个过程中，缺乏战略思维，无法看清企业经营的本质，容易把数字当作战略；缺乏策略思维，无法以最佳方式争取最大的利益。策略的意义是在趋势上聚合多种资源，帮助长期战略取得成功。当然，除了自上而下，还需要自下而上的反馈，不断迭代战略、策略、计划。

2. 那么，领导者如何提升策略能力呢？

1）理解知名的策略案例

"战略—策略"案例如表 2-15 所示。

表 2-15　"战略—策略"案例

案例	策略	策略服务的战略目标
战争	远交近攻	助秦国一步一步统一六国
	高筑墙、广积粮、缓称王	助明太祖朱元璋平定天下
	结硬寨、打呆仗	助曾国藩镇压太平天国
	打土豪、分田地	助红军团结无数群众，形成强大的同盟基础，奠定解放战争的胜利基础
商战	先发制人	2019 年春节，在抖音和快手的竞争案例中，抖音做了一个激进的推广策略：由原规划的 7 天投入 1 亿美元改为 7 天投入 5 亿美元。春节 7 天，所有人都很闲，娱乐是核心，抖音和快手就这样拉开了差距。"先发制人"策略的使用背景是，在双方势均力敌，且双方都没有形成竞争壁垒和"护城河"的前提下，先发制人，建立起绝对的壁垒。梁宁把这种策略称为"把水烧开"策略，下手要稳、准、狠

续表

案例	策略	策略服务的战略目标
商战	农村包围城市	2014年,美团的王兴打算"杀"入外卖市场,但那时饿了么是江湖老大哥,且经过5年厮杀,饿了么已经"干掉"了大部分同行。一开始王兴的策略是"抄",饿了么干啥,美团就干啥,美团根本没办法打赢饿了么,反而被牵着鼻子走。2014年,美团秘密招聘了1000人地推铁军,短短几个月,外卖业务成功进入了几百个城市
减肥	运动 节食 吃减肥药	通过运动瘦下来,耗时长,但身体健康、体格健壮;通过节食瘦下来,效果维持时间短,容易反弹;通过吃减肥药瘦下来,耗时短,但可能把身体吃坏了。所以,达成一个目标的策略有很多,不同的策略会导向不同的结果,我们要找到最佳的策略组合以实现目标效益最大化

2)跨境电商行业常见的策略模型

在跨境电商行业中,有一些比较常见的策略组合。例如:

跟随策略:处于二、三阶梯的企业跟随赛道的头部玩家,优化供应链、深化产品研发能力。

标杆策略:把拳头产品做成标杆,多款同类型产品、改良品、延伸品等做成爆品矩阵,形成强大的爆品矩阵势能。例如,某头部卖家把某一类目的bestseller前15名全部占领,排名第二的竞争对手最好的成绩才占第16名。

补位策略:填补友商同行的市场产品空缺处,或者在巨头的盲区里找机会。《商战》一书中将其称为"游击战原则",找到一个细分市场,自己足以守得住,让自己成为这个领域的领导者。

TOC 瓶颈策略：任何系统都至少存在一个制约因素和瓶颈，系统最终的产出将受到系统内最薄弱环节的限制。TOC 理论帮助企业不断打破发展的制约要素和瓶颈，提高系统性产出。

此外，我们也梳理了一些常见的策略组合，如图 2-36 所示。

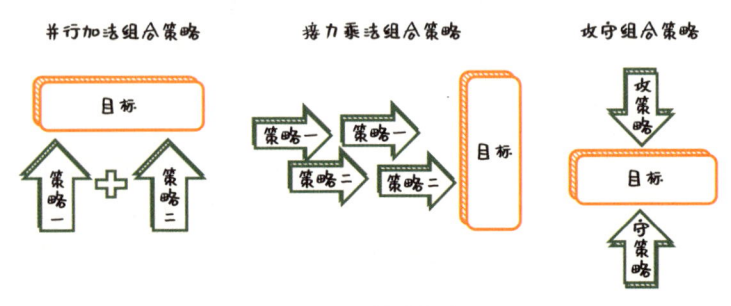

图 2-36　策略组合

并行加法组合策略：为达成一个目标可以用两个策略服务，如运动和饮食控制的减肥策略。接力乘法组合策略：两个策略有节奏地配合，促使目标达成，如先选好品，再打爆品的爆款策略。攻守组合策略：一个策略保证盈利底线，一个策略尖刀冲锋，如引流产品和利润产品组合的经营策略。

策略千变万化，一个好的策略有化腐朽为神奇的力量，有起死回生的魅力，但一个坏策略，有可能将企业拖入无限的深渊。所以，选择什么样的策略，取决于对目标的解码，更取决于领导者独到的商业洞察和智慧。

（四）公司一级部门目标及年度考核指标（POI）

公司一级部门目标及年度考核指标（POI）如表 2-16 所示。

表 2-16　公司一级部门目标及年度考核指标（P0I）

公司一年三件事，把六个目标按优先级做排序		
CEO 姓名	01	
	02	
	03	
	04	
	05	
	06	

责任人（P）	负责板块（部门）	关键目标（O）	考核指标项（I）	目标值	权重（公司级的目标占大部分权重）
销售负责人 运营部		01			
		02			
		03			
		04			
		05			
		06			
产品负责人 产品部		01			
		02			
		03			
		04			
		05			
		06			

第二部分　卓越企业的 15 阶增量之旅

续表

供应链负责人 供应链部	01				
	02				
	03				
	04				
	05				
	06				
HR负责人 人力资源部	01				
	02				
	03				
	04				
	05				
	06				
不合格标准					
优秀标准					
卓越标准					

  POI是指责任人（Person）—目标（Objective）—关键指标（Index），指一级部门关键战略目标的健康指标设计。

  如何找到关键指标I，在第十关卡中，将详细讲到。

  至此，完成了整个战略的制定过程。不妨再回顾一下整个战略目标的制定流程，战略制定及解码路径全流程图如图2-37所示。

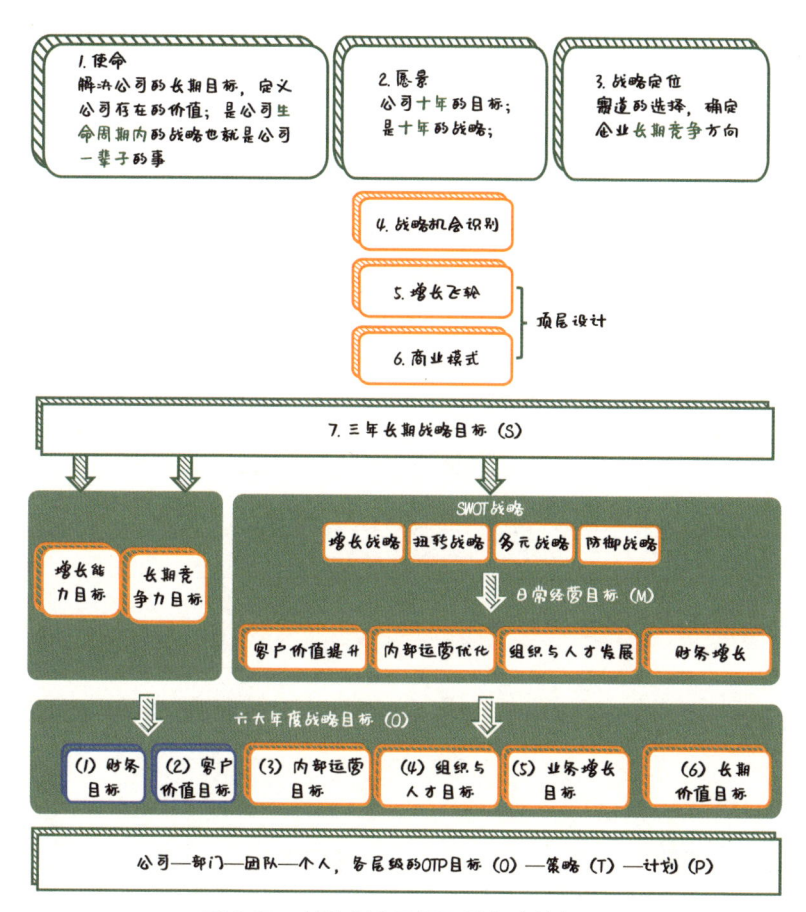

图 2-37　战略制定及解码路径全流程图

第九关 – 通关作业

1. 填写你企业的三年长期战略目标图（S）。

2. 对你企业的三年长期战略目标进行 SWOT 分析。

3. 梳理出你企业的年度战略目标行动地图（OTP）。

4. 梳理出公司一级部门目标及年度考核指标（POI）。

_____
_____
_____
_____
_____

5. 说说你对三年长期战略目标（S）和日常经营目标（M）之间的区别和联系的理解，两者如何兼顾？

_____
_____
_____
_____
_____

6. 你还听说过哪些优秀的商战策略？请具体分析其背后的策略逻辑。

_____
_____
_____
_____
_____

恭喜你，顺利通过本章的四关。

战略之路，是爬坡登顶之路，需要一步一步扎实前进。期待大家都能带领团队做好战略、实现好战略，为企业创造长期增量！

第三章

高效执行层

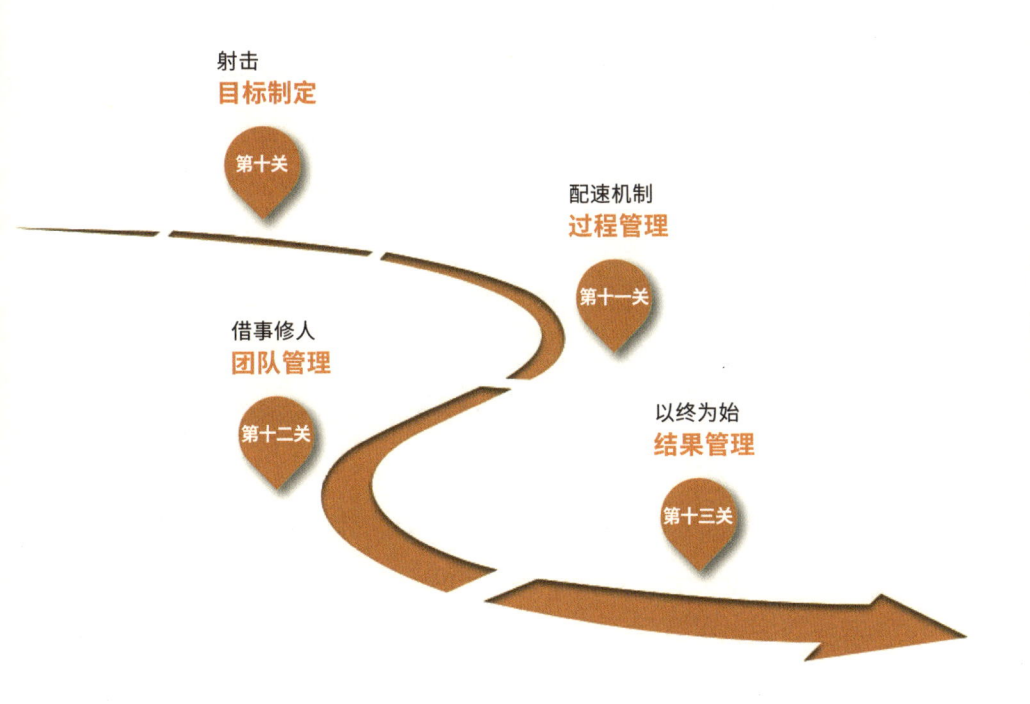

射击
目标制定

第十关

配速机制
过程管理

第十一关

借事修人
团队管理

第十二关

以终为始
结果管理

第十三关

我清晰地记得 2021 年 4 月 1 日那个愚人节的下午，我还没从午休的昏懒中缓过神来，领导 Leader 陈把我和另一位同事叫到了会议室。叫我们进入会议室前，他似乎思考良久，有些无奈而又焦急地说："这场万人大会需要你们。"

这场万人大会是我当时所在公司的王牌项目，也是行业盛会，当时已经举行到了第四届，前几届最高报名人数是 3000 多人。

公司希望把这次大会做成万人大会，在行业中树立绝对的口碑，但距离大会开幕还有 21 天，报名人数仅有 1700 多人。如果报名人数不能达到预期，不仅影响公司的战略性规划，原定的招商计划也会受到影响。

在介绍完项目情况后，Leader 陈望向了我：这个任务就交给你了，我相信你一定可以完成目标。

21 天，完成 8300 多人的报名目标，这怎么看都像是一个不可能完成的任务。不管是在公司层面还是在行业层面，万人级别的大会都属于第一次。而且这个项目已启动三个月，该投入的资源已经投了，该宣发的亮点已经宣发了，该找的渠道已经找了，领导能"刷脸"的地方也都刷过了，但报名人数就是迟迟无法突破。

这无疑是一个烫手山芋,但 Leader 陈那真挚的眼神让人无法拒绝。就这样,我在茫然中上场了。

那个下午,我花了几小时,把整个项目的情况摸了一遍,先把目标达成率低的原因找出来。

(1) 缺乏目标达成的策略,也未进行合理的目标拆解。

在确定万人大会这个目标之后,团队并没有进行"要吸引10000人参加大会"的策略思考。而是直接按照往届千人大会的经验来拆解计划、执行计划。

也就是说,如若原项目组一切进展顺利,或许也只能吸引几千人参加,很难突破万人。因为 3000 人和 10000 人的引流策略是明显不同的。策略不同、打法不同、推进节奏不同,所需要的团队能力配置、渠道资源配置也不相同。

(2) 缺乏清晰的客户需求、痛点、痒点,推广节奏较为混乱。

2021 年年初,跨境电商行业受到国家层面极大的关注,整个行业的卖家、海外仓、跨境物流等都蓬勃发展。但是我翻看了往期的营销素材,项目组并没有对行业的大趋势变化和行业的需求、痛点、痒点进行深刻的洞察和剖析。由此延伸出来的传播素材也就不痛不痒了。

而且在过去三个月,大多是单点传播,这里打一枪,那里放一炮。虽然这场大会有足够强大的嘉宾阵容、知识体系,却没能在客户心中形成强有力的认知,客户始终找不到即刻报名的理由。

这和卖家的产品研发是殊途同归的,只有先洞察客户需求,才能设计出一款符合市场的产品,才会有人买单。

(3) 团队未形成合力。

虽然原项目组的成员在个人能力上都很优秀,且在各自领域能够独当一面,但当组成一个临时项目组时却是一盘散沙。

多个项目组成员是临时调任的,不了解项目背后的意义,缺乏统一的认同感和荣誉感。他们会优先完成自己手里的工作,原定的项目计划经常延期或者得不到高质量的完成。

(4) 团队丧失信心。

三个月来项目营销没有起色,项目组核心成员丧失信心,负面情绪在整个项目组蔓延开,团队士气低迷。万人大会被认为是一个不可能完成的目标。

分析出上述原因后,我又花了一个晚上对大会的整体策略进行了调整。因为距离大会开幕时间较短,中间还有节假日,如何在短期内在整个行业快速引爆,让大会人尽皆知是重点。我想到四点策略。

(1) **整体上,采取并行加法策略组合。**

整体上采用全案营销打法,保底目标 10000 人报名,冲刺目标 15000 人报名。按照传播节奏,三周时间内,在不同的营销策略引导下,分别完成 4000 人、5000 人、6000 人报名。

同时,Leader 陈提出了整体采用裂变营销的方式,由另一位同事带队。如果策略一效果不佳,策略二同步顶上,总目标是 8000 人报名。

(2) **重新梳理营销痛点和节奏,直击客户心智。**

传播策略调整:短期内集中与聚焦。

大会定位调整：全球首个超万人的××大会。

话题：按照时间节奏拆分为三个关键传播关注度，分别为引爆话题关注度、嘉宾关注度、资源关注度。

渠道：重新根据内部渠道、平台方、赞助方、协会方、付费媒体、免费 KOL 等多个渠道，梳理相应的传播策略。渠道上一方面实现大范围覆盖，另一方面提高转化率。

核心目的：做到 21 天内，我们的话题能够覆盖目标受众关注的所有核心方向；我们的渠道能够覆盖 90% 的目标受众；我们的嘉宾对 90% 的目标受众都有吸引力；90% 目标受众都想到现场领取我们的福利等。而且在这 21 天内，只要是本行业人员，打开手机都能看到这场大会的信息。

（3）项目誓师会，重新分工，给每个项目组成员赋予重要的意义，统一使命感。

梳理完所有策略之后，我第一时间召开了全员项目启动会，团队拧成一股绳；印制冲刺万人报名的横幅，挂在所有项目组成员能看到的地方；每日对关键事项和关键数据进行复盘，在整个项目组内通晒，及时优化纠偏和调整打法。

后来，我无数次回想起这场硬仗，"人"是最重要的，有每个使命必达的他们，才最终完成了这个"不可能"的目标。

（4）永远保持乐观、坚定信念，办法总比困难多。

我们拿下第一场胜仗时，在项目组内对所有成员进行了点评和鼓励。目标越来越靠近，团队的士气也越来越高涨。

当然，也有低谷的时候。我清晰地记得，这 21 天内有几次报名日增量达不到预期,好像到了绝境。每天睡觉前,我都在问自己:除了现在做的这些,我们还能做什么?结果是第二天我们总能想出新方案。所以,保持信心非常重要,即使暂时遭遇了瓶颈,也不要把负能量传递给团队。

21天内密集、聚焦式爆发,使这场大会的知名度持续高涨,几乎到了行业内尽人皆知的地步。最后,总报名人数达到23000人。由于当天会场可容纳人数超限,因此我们不得不提前关闭报名入口。此次大会让我们成功破圈。

在第二章中,我们已经完成了战略目标的制定,但这仅仅只是开始,如何实现目标才是关键。正如上文提到的万人大会案例,其目标很清晰,但目标达成的每个环节都有可能是问题出现的地方,也是管理者和执行者基本功薄弱的地方。要想成功解题,只能从目标闭环管理入手,找到症结所在,才能把环环相扣的难题解开。

本章将着重探讨在战略目标制定完成后如何用ITA目标管理理念提高目标达成率。只有目标实现,前面进行的战略制定才有意义,否则一切只是空想。

ITA目标管理的四大核心理念:

一、目标的本质:做对的事和用对的人,把事情做对

目标是什么?目标指射击、攻击或寻求的对象,也指想要达到的境地或标准。

我要每天半小时跑5千米,今年公司要达到营业收入20亿元,我要成为一名成功的企业家,我要更开心和幸福……这些都是目标。你会发现:

(1)目标给我们的人生和工作提供了大致的方向和动力,告诉我们要向哪里走。有些目标是清晰的、可衡量的,如每天半小时跑5千米,我们知道怎么做、做到什么标准。也有些目标是模糊的、难以量化的,如"我要更开心和幸福",当员工拿到类似目标的时候,肯定一脸茫然。

(2)目标的主观性和逻辑性。主观性是指个人或团队对目标的认知和感受,包括目标的重要性、紧迫性、可行性、对个人或团队的意义等。这些主观因素可以影响个人或团队对目标的积极性、投入度和坚持程度。逻辑性是指目标应该明确、具体、可衡量,符合组织的战略和价值观,并且可操作、可实现。

既然是主观设想,与现实就会存在差距。而且对于同一件事,经验更丰富、对外界信息获得更多、资源更多、野心更大的人定的目标会更高。这就是上级预期的目标和下级承诺的目标总是存在一定差距的原因,上级认为可以完成100万元的目标,但员工认为只能做到70万元。所以,目标的制定,要同时具备可行性和挑战性。

(3)一个目标涉及的人越多,人的主观性就越强,需要同频的问题就越多。例如,在进行多部门协作时,冲突是发生最多的时候,我们称之为部门墙。

就像哲学指引科学一样，目标的底层也是感性指引理性。管理者用感性凝聚团队，用理性指点团队。目标的本质就是，做对的事，用对的人，把事情做对，如图 3-1 所示。

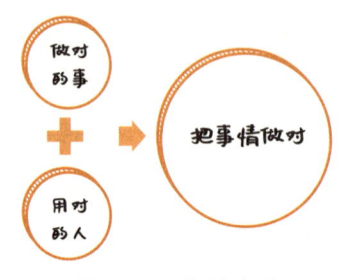

图 3-1　目标的本质

做对的事，要确保正确的目标方向，顺势而为，做符合公司使命愿景价值观的事。用高质量的策略对目标进行解码，这是把事情做对的关键；再用高质量的计划分解目标，使一个远大的目标成为一步步切实可完成的路径。

用对的人，要为这个目标寻找到一位合适的负责人，具有远见，能够激发团队、协调团队、培养团队的人。

做对的事情和选择正确的人只是成功的前提条件。我们必须确保计划是合理的，行动是明智的，进展是如期推进的，目标才能被高标准、高效率地完成。

二、目标管理 = 目标制定 + 过程管理 + 团队管理 + 结果管理

每次从公司/上级那里承接和对齐目标开始，就开启了目标的全链路管理，包括四大板块、12 个重点环节，如图 3-2 所示。

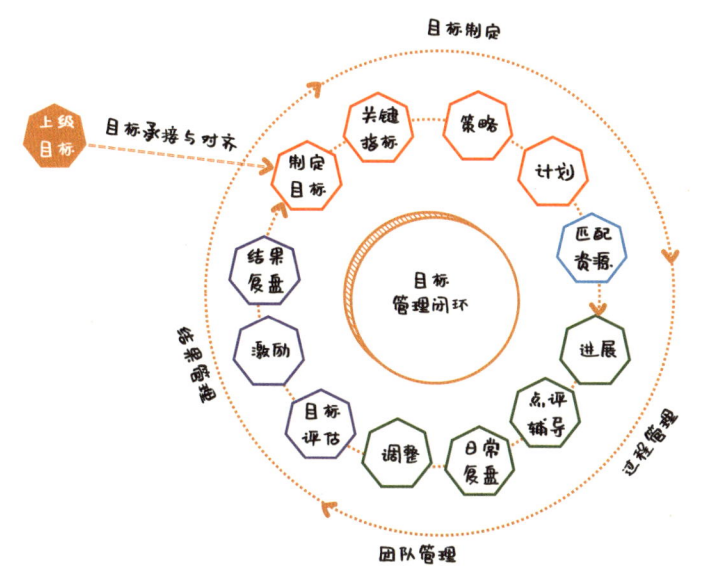

图 3-2　目标管理闭环图

12 个重点环节中，每个环节都至关重要，都有可能成为目标不能顺利完成的原因。

（一）目标制定板块

（1）缺乏清晰的目标设定，只有大方向，员工不知道如何承接。例如，把企业的知名度做成行业第一，"第一"缺乏明确的标准。

（2）在设置目标时，很多管理者都会出现"既要又要还要"的情况，目标多且杂。目标太多，目标与目标之间的关系不明确，缺乏联动性；优先级也不明确，员工不知道应该把核心精力和资源放在哪里；几个目标之间相互冲突，员工不知道如何平衡。

（3）目标跑偏。一般有三种情况，一是在承接上级目标时，上下没有达成共识，导致一开始就跑偏了；二是在目标的执行过程中，没有审查好关键环节、及时复盘纠偏；三是在制定目标的关键考核指标时，关键指标找错了，导致目标跑偏。

（4）管理者缺乏策略解题思维。很多管理者在制定好目标后直接进行计划分解，忽略了从目标到计划之间的关键指标和策略。

（5）计划没有考虑重点、风险和可行性，资源匹配能力不符合实际情况。

（二）过程管理板块

（1）执行的标准不明确、时间模糊，使得执行结果大打折扣；责任不明确，带来最典型的现象是出现问题时互相推诿，进行激励时抢夺战功。

（2）没有过程跟进闭环机制，没有复盘和纠偏，目标走偏走样。

（三）团队管理板块

（1）团队能力不足，意愿不足，没有得到及时辅导。

（2）缺少对目标达成原因的关注和赋能。

（3）目标的激励和考核不明确、不透明，影响团队士气。

（四）结果管理板块

（1）对结果缺乏有效应用。

（2）过于关注结果。

三、目标是自上而下和自下而上相结合的

战略目标的拆解是自上而下的，是一个个大箭头、中箭头、小

箭头的对齐过程。而战略目标的完成，其实是一个自下而上不断反馈、调整策略计划、一个个目标闭环的过程。

在确保战略目标充分对齐的前提下，只有每个人都完成目标，才能实现团队目标的达成；所有团队目标的达成，才能促进部门级目标实现；部门级目标实现，才能冲顶公司级战略目标。在这个过程中，每个层级的目标都要实现闭环管理，层层带动，如图3-3所示。

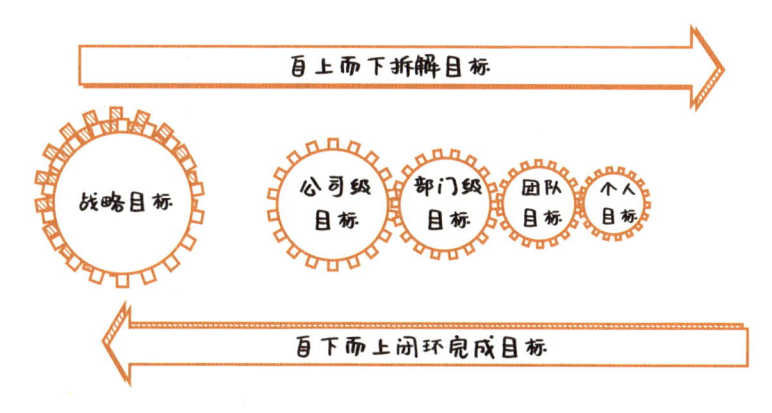

图3-3　战略目标的拆解和完成

四、借事修人理念

我们发现有两类企业，一类是目标达成了，团队能力也成长了，每场硬仗都能培养出几位得力干将；另一类是目标达成了，但团队的能力却没有得到成长，一切全靠CEO，腰部和腿部力量薄弱。

这是因为很多企业只关注目标，却忽略了目标背后的团队能力和组织能力的成长。在 ITA 目标管理中,我们推崇借事修人理念。借事修人,强调在解决问题和完成任务的过程中,注重挖掘团队成员的潜力,提高他们的能力和素质,以目标带动能力,能力拉动意愿。实现目标、能力、意愿三者螺旋式上升,成就一个高自驱力的胜仗团队,如图 3-4 所示。

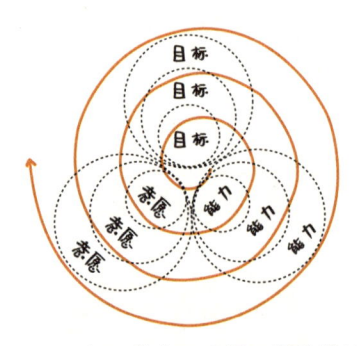

图 3-4　目标—能力—意愿三螺旋增长图

以上四个理念是 ITA 目标管理的核心理念。接下来,我们将通过 12 个关键问题来回答 ITA 是如何帮助企业提高目标达成率的。

射击
目标制定 第十关

以终为始，脚踏实地走向未来。

目标制定——OTPK 流程如图 3-5 所示。

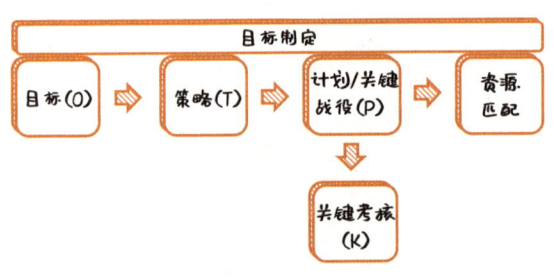

图 3-5　目标制定——OTPK 流程

问题一：目标的开始，需要一名怎样的"将军"？

三国名将赵云，面对数十万曹军，七进七出救出刘备妻儿。西汉大将霍去病，率领 800 骁骑深入大漠，大破匈奴。淮海战役中，面对攻打碾庄的难题和蒋介石调集的五个军增援，粟裕首先阻敌增援，同时采用"先打弱敌再打强敌，攻其首脑，乱其部署"的方针，全歼黄百韬兵团。诺曼底登陆九死一生，艾森豪威尔指挥近 300 万士兵渡过英吉利海峡前往法国诺曼底，第二次世界大战的战略态势因此而发生了根本性改变……

一名优秀的将军,能对战局起决定性的作用。商场如战场,为战略目标配备一名好将军,也是目标达成的先决条件。

目标来源于对感性的想象,与理性的现实存在差距,在变幻莫测的竞争环境中也会遭遇诸多不确定性。所以,将军首先应该具备的品质是决心。胜,不妄喜;败,不惶馁;胸有激雷而面如平湖者,可拜上将军。正确的决心来自对局势的正确判断,背后是周到全面的洞察和思考。决心背后的关键词是顽强,是对连续打击的抵抗能力和反击能力。带有目标决心的人,具有强大的意志力,不管遇到何种挑战和逆境,都不能轻易让自己缴械投降。这种品质,可以让团队坚定信念。

正如卡尔·冯·克劳塞维茨所说的那样,伟大的将军,是在茫茫黑暗中,把自己的心拿出来点燃,用微光照亮队伍前行的人。

战略目标第一负责人——高管模型如图3-6所示。

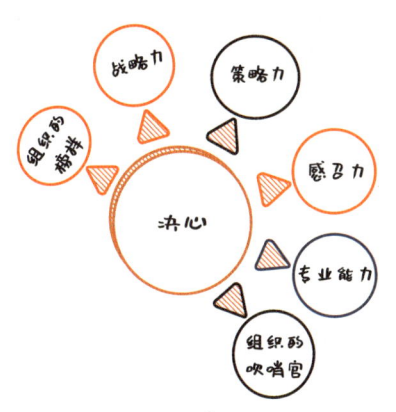

图3-6 战略目标第一负责人——高管模型

（1）组织的榜样：向正向善的品格，是公司的价值观标杆；对于公司的未来和重大经营决策，愿意承担个人风险；坚持公司利益高于部门利益和个人利益。

（2）战略力：具备战略思维，能看见未来，为团队选对方向。

（3）策略力：具备策略解题思维，能带领团队破局逆境。

（4）感召力：愿意倾听不同意见；能够团结一切可以团结的人，发挥最大力量；能够培养人；利他。

（5）专业能力：主动发现问题，主动解决问题，把企业的某个领域升级成为行业标杆；持续学习。

（6）组织的吹哨官：保持强烈的进取精神和忧患意识，警惕组织弱点和隐藏的缺点。

但现实中，总是听到企业抱怨，"我没有这样的将军""我的管理者团队不行"……其实，很多企业都缺乏将军的培养机制，即如何激发人、塑造人、成就人的体系和能力。

例如，阿里巴巴人才培养的核心逻辑是，通过大仗、硬仗及过硬的价值观来淬炼人才，其中最重要的就是轮岗。在阿里巴巴，很少见到没有经历过轮岗的高级管理者。例如，大家熟知的阿里巴巴CPO童文红，2000年加入阿里巴巴，先是做前台接待，后来在行政、客服、人力资源等部门工作，然后又去了工程建设、置业部、采购部等多个部门。自2013年起，她牵头组建菜鸟网络，担任过首席运营官、总裁、首席执行官等，终成一代名宿。轮岗，培养了人才，也激活了组织，让优秀人才与组织相互成就。

华为选拔干部的原则是"宰相必起于州部,猛将必发于卒伍",没有基层一线成功实践经验的人员是不能被选拔成为干部的。华为的很多管理者都是从基层一步一步成长起来的。

如何从基层培养出一名将军,经过多年的实战,我们梳理了管理者的成长模型图,如图3-7所示。一步一个脚印,步步为营。

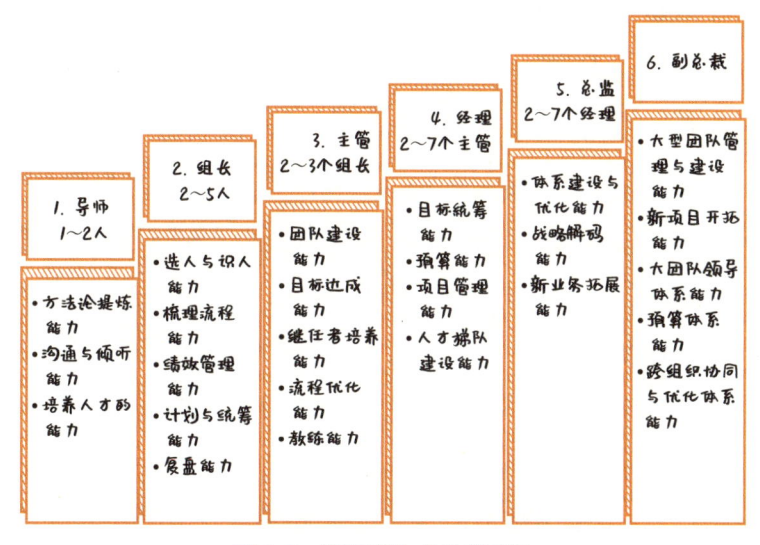

图3-7 管理者的成长模型图

不可避免地,企业也会出现一些伪将军:

他们总是很忙,一天到晚开会,但总是纸上谈兵,拿不出实质性的结果;他们对业务最深入的研究,就是月初月末进行汇报总结的时候;他们在面对公司新战略和新业务时,拿不出方案,内心充满了胆怯和无力。

还有些高管,更像是一名基层工作人员,只知道一味地执行,缺乏策略思考,遇到困境要么退缩要么甩锅。

他们害怕下属超过自己，不愿意招聘那些比自己能力强的、意见与自己不一致的人。结果是，当公司需要打硬仗的时候，团队没有一个人可以顶上。

再如空降高管，很多高管进入之后，会经常借着战略的旗帜去改革，快速打破组织的结构和体系，但是又缺少建立体系的能力和经验。高管在未真正理解企业使命、真正认可企业价值观、真正了解组织优缺点、真正熟悉企业之前，非常不适合做改革者。

只有高管爱上这个企业之后，才会慎重又负责地做每个决定，为企业良性发展考虑。所以，变革成功的优秀高管，都是有良知、有格局、有爱、有才，又能知行合一的人。

伪高管的长期存在，只会过度消耗组织，劣币驱逐良币。面对这样的高管，CEO应该练就火眼金睛，尽快清理。

问题二：如何解码目标，让目标拥有一套可实现的路径？

选定了目标、将军，接下去要做的第一件事就是对目标进行解码，让目标拥有一套可实现的路径。

（一）找到现状与目标之间的差距及差距原因，制定压强计划解决方案

一切问题源于现状与目标之间的差距。找到差距并跟进，有一个非常好用的工具，即"5Why"分析法，如图3-8所示。

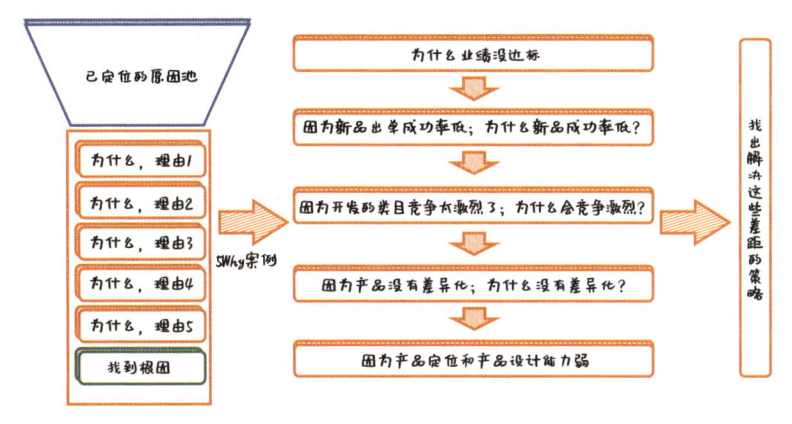

图 3-8 "5Why"分析法

找到根因的必胜策略（T），根据策略逻辑，制定压强计划解决方案，"TSTRC"压强计划工具如图 3-9 所示。

图 3-9 "TSTRC"压强计划工具

【案例 10】正确判断目标与现实之间的差距，是制定一个好目标的前提

前文案例企业星锐实业有限公司经过一年蛰伏，开发了一种新型小家电产品。在进行内外部分析后，公司制定了年销售额 5000 万元的目标，等到年底却仅完成了 3000 万元。但产品研发费用、广告推广费

第二部分 卓越企业的 15 阶增量之旅 217

用等已投入超过 3000 万元。另一家 B 企业,也开发了一个新产品,定下了年营业收入 1000 万元的目标,年底却达成了 3000 万元。这两家企业谁制定的目标更好呢?

其实这两个企业都不算是制定了一个好目标,因为目标制定与实际差距相差太多,说明企业对内外部的 SWOT 差距分析、差距原因分析没有做好。如果能够提前正确判断目标与现实之间的差距,星锐实业有限公司可能不会一次性投入 3000 万元;B 公司的年营业收入目标也可能不是 1000 万元,而是 5000 万元。

再如淘宝的经典案例。有一年淘宝团队定的目标是实现 8 亿元,但马云进行 SWOT 差距分析后定下的年目标是 80 亿元。团队不敢相信,但最后却实现了。2008 年,淘宝定下目标实现 1000 亿元,马云说,淘宝做不到 10000 亿元就白干了,结果也实现了。马云为什么敢定这么高的目标?因为马云清晰地判断了 2008 年电商欣欣向荣的外部趋势,从 1000 亿元到 10000 亿元的差距,淘宝是可以实现的。

所以,能够正确判断目标与现实之间的差距,是制定一个好目标的前提。而如何实现这个差距,就需要一个或多个好策略。

(二)制定好压强计划解决方案后,使用 OTP 模型对目标进行拆解和管理

OTP 目标制定及解码模型如图 3-10 所示。

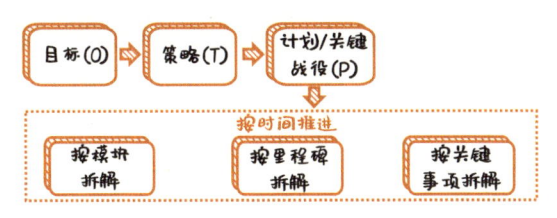

图 3-10　OTP 目标制定及解码模型

将目标拆解为计划，一般按照以下三个维度进行：

一是按照工作模块拆解。例如，同一个目标，可能由运营部、产品部、供应链部等多个部门共同承接达成。

二是按照里程碑来拆解。里程碑是阶段性目标，需要符合 SMART 原则；确定每个里程碑的时间点及对应的交付成果，交付成果需要进行定量和定性界定。特别是在长周期项目中，对于里程碑的拆解，有利于控制项目节奏，控制风险，预留缓冲时间。阶段性目标的达成，也有利于激励团队。

三是按照关键事项拆解，分配资源和时间。这里推荐一个好用的工具——时间管理"四象限法则"，如图 3-11 所示。

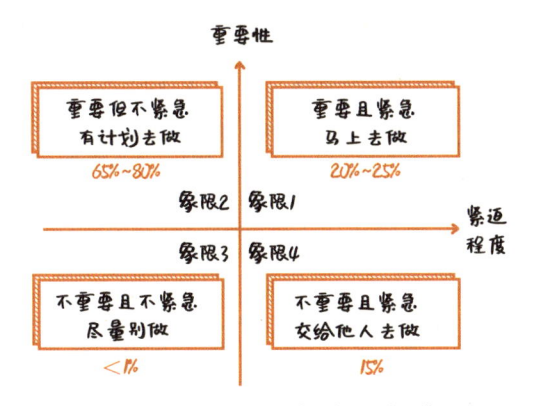

图 3-11　时间管理"四象限法则"

第二部分　卓越企业的 15 阶增量之旅　219

不管按照任何维度拆解，时间都是必备要素，必须在限定时间期限内完成。可以尽量将完成时间定在截止时间前，给自己提出更高标准，也给项目更充足的应对时间。

而且，按模块、按里程碑、按关键事项拆解，三者通常是交叉使用的。当目标及目标的策略确定后，可以先按照模块拆解目标；然后针对单个板块，拆解出时间和里程碑。在阶段性的里程碑内，根据时间管理"四象限法则"，进行关键事项的推进。

需要上级给予高度关注的是，某一两个关键战场的胜利可能决定整个战场的胜利。而对某些细节的忽略，可能导致目标结果大打折扣。

问题三：如何双向对齐与分解目标？

目标的计划做好了，接着就要往下落，分解到各个团队。通常存在一个目标由多个部门承接的情况，良好的目标分解需要建立企业的目标网络，形成统一的目标体系，把各个部门的目标对齐信息显示出来，方便团队纵向横向对齐拉通，也利于发现问题所在。很多时候需要目标管理软件加以辅助，呈现自上而下的目标对齐关系和关键绩效指标的承接关系，如目标对齐图。

管理者向下分解目标的重点在于"共识"，确保上级和下属在对整个目标的意义、原因、里程碑、评价等的理解上充分一致。

目标向下对齐七步法如图 3-12 所示。

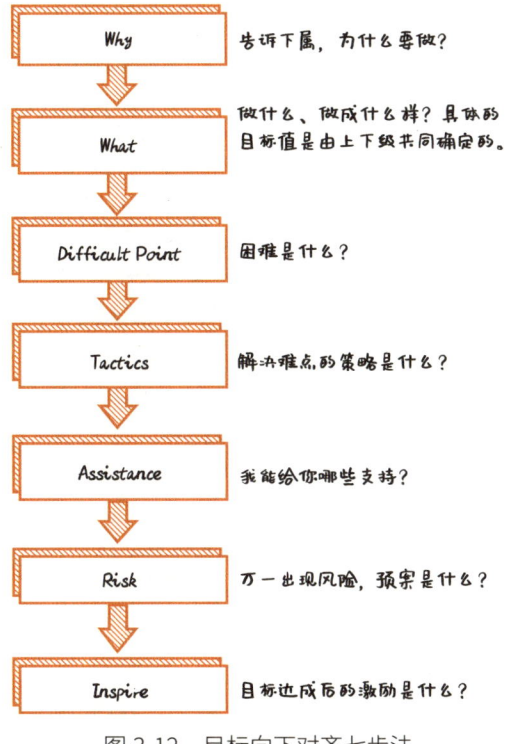

```
Why          → 告诉下属,为什么要做?
What         → 做什么、做成什么样?具体的
                目标值是由上下级共同确定的。
Difficult Point → 困难是什么?
Tactics      → 解决难点的策略是什么?
Assistance   → 我能给你哪些支持?
Risk         → 万一出现风险,预案是什么?
Inspire      → 目标达成后的激励是什么?
```

图 3-12　目标向下对齐七步法

下属向上承接目标时,可以同步使用"5W2H 模型"提问(见图 3-13),进行价值定性,结果定量。很多时候,上级只有一个不成熟的想法或者是模糊的方向,提问碰撞的过程,正是上级目标落地与下级真实炮火声音的碰撞。这个过程有利于将目标不断清晰化、可执行化、可落地化。

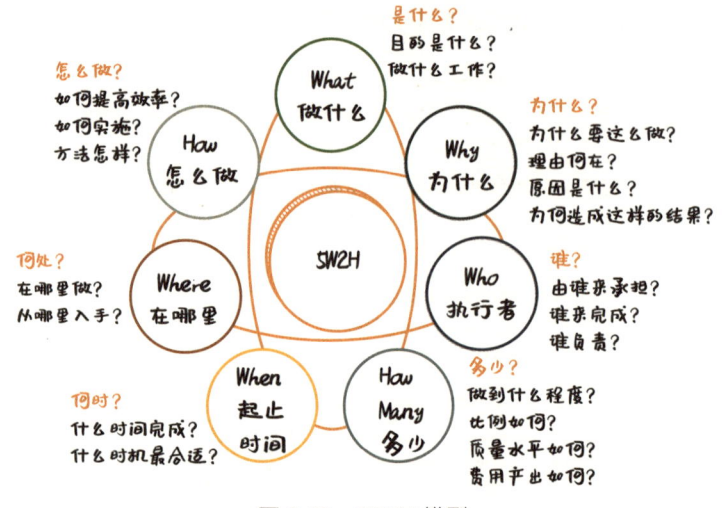

图 3-13　5W2H 模型

问题四：如何确定目标的关键指标？

（一）指标的战略意图

一谈到指标，很多管理者首先想到的就是用 KPI 对员工进行考核，这个思路从一开始就错了。做绩效管理，不能一开始就思考指标，要先从公司目标解码出策略和计划，再由部门承接计划，并承接计划的关键指标，再分解到个人。例如，某公司今年的营销目标是 1 亿元，公司共有五个销售团队，每个销售团队有 2000 万元保底目标、2500 万元冲刺目标，这种数据拆分是没有意义和价值的。正确的分解，要根据策略和计划确定 KPI，分解出关键达成路径。

有效的考核指标不是从指标库中选出来的，而是从战略里解码出来的(见图3-14),指标的方向代表战略的方向,指标聚焦团队的力量。所以,CEO一定要避免只思考业绩指标,管理层只看岗位指标。

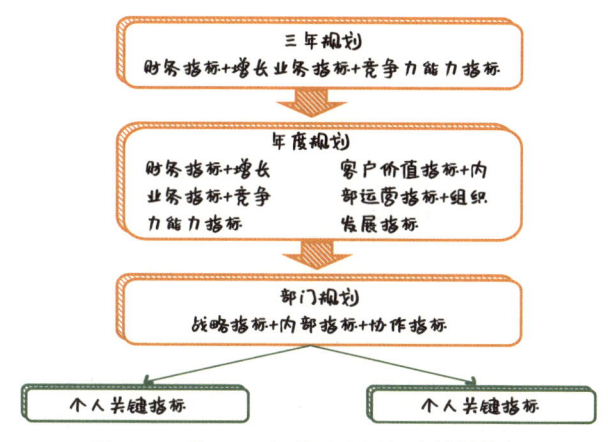

图3-14 从1~3年战略中拆解出关键指标

那么,如何从战略中解码出关键指标呢？可以采用OCK模型,如图3-15所示。

图3-15 OCK模型

首先根据目标解码出关键成功要素CSF,CSF是指对目标成功起决定性作用的某个关键要素；再从CSF中解码出关键衡量指标KPI,KPI是对CSF进行定量的工具,把定性的要素转化成可执行的、可衡量的、可评估的维度。

例如,某公司的目标之一是将客户产品忠诚度提升到95%

以上,产品忠诚度背后的 CSF 是提升客户满意度。如何评价客户的满意度呢?指标可能是好评率、复购率、投诉跟进效率等,这些才是关键评价指标。

运营团队的指标可能也会不一样,有些人负责做市场增量,关键指标是新市场、新客户的开发数量;而有些人负责做存量客户,关键指标就与客户服务类相关了。

(二) 设置关键指标 KPI

设置关键指标 KPI 还有以下几点需要注意:

(1) 每个指标都是双刃剑。有些指标会大量消耗时间、人力等资源,有些指标会流于形式。所以,指标的设置要来源于 CSF,CSF 必须具备目标导向。那些提升空间不大、可控性低、模糊不清的因素不能作为 CSF,也不能作为 KPI 的依据。

(2) 企业处于不同阶段,对于同一目标会有不同的 CSF。例如,同样是客户目标,某些阶段客户数比较重要,而有些阶段活跃度比较重要。所以,根据企业的具体情况,可以筛选不同的 CSF,转化成 KPI。而且还要经常审查 CSF 和 KPI,看是否有出现偏离的情况,不要忘记或低估难以衡量的软元素。

(3) 尽量将主观要素数据化。在具体情况中,很多 KPI 比较感性和主观,无法进行数据化。例如,顾客在亚马逊购买产品后有疑问,会打电话或者通过邮件进行咨询,如果顾客对答案不满意或者未能解决问题,顾客会多次来电,每次来电对客户满意度都是一次考验。因此,亚马逊设置了一个 KPI——能否通过一次回答就为顾客解决问题,并通过这个指标的变化来衡量顾客满意度。如果指标没有改善,就需要进行具体分析:是客服人员的回答方式不好吗?还是解答的内容有错误?或者有其他原因?要把问题找出来。

(4)很多企业在制定KPI时会过于注重员工绩效,而忘记了当初为什么制定KPI。制定KPI的目的是达成目标,而不是考核员工绩效。

(5)核心指标不宜过多,最好别超过三个。管理层要懂得取舍,目标要少而精、可控制。制定指标要合理,指标符合业务增速、符合团队能力。管理层要看紧优秀指标进展,关注挑战指标的策略和方法论。

(6)指标不是一成不变的,可以根据目标的达成情况进行周期性调整。这个调整周期一般定为一个季度较为合适。如果核心指标增速严重低于预期,则要立即注意对各种财务预算进行实时调整。

(7)明确责任人,每个关键指标都要有唯一负责人,不要设定第二负责人;匹配激励制度,KPI要成为激励工具,而不是奖励工具。奖励是事后奖赏,而激励是事前匹配的制度,要给足各个责任人和团队动力。

问题五:目标的资源匹配是否合理?

有了目标、策略、计划、关键指标,目标的制定是不是就完成了?真正的目标管理,事实上管理的不是目标,而是资源和过程。

其中,人、财、物、品牌声誉、渠道关系等都是公司的有效资源。

一套行之有效的目标行动方案，如果缺乏了对资源的匹配和调度，就是一份不合格的方案。目标不成功，要么结果大打折扣，要么造成资源浪费。所以，还有一个关键步骤——定事、定人、定资源。

作为目标的第一负责人，要懂得正确地"要资源"。要到恰当的资源，目标便成功了一半。不能指望老板把资源分配好后交到你的手上，而是要根据目标情况把资源"要过来"。真正的高手，是知道自己要什么，以及如何使用。

【案例11】你会"要资源"吗？

亚马逊某运营经理当月承接了某公司3000万元的销售业绩，但是他一盘手上新老产品的订单情况、listing排名情况、库存情况，以及手下的新老员工情况，发现完成这3000万元业绩的信心指数只有65%。如果你是这名亚马逊运营经理，你会向上要哪些资源呢？要人的资源、产品的资源、经验的资源，还是广告费的资源？这非常考验你能否抓到目标成功的关键因素。

公司在进行资源分配时，需要根据目标优先级和组织能力导入资源，避免违反公平原则。例如，某新产品的开发是公司级战略，但是分配了一批新人负责，那这个项目很大程度会走弯路。这里建议学习阿里巴巴的经验，老人做新事，一方面可以保证新业务的成功概率更高，也可让老人保持动力和激情；新人做老事，"老"的事情有流程、有节奏、有案例，新人可以快速建立信心，获得成就感。

第十关 – 通关作业

1. 思考你企业的 TOP10 高管是否符合将军标准?差距在哪里?如何培养?

   _____
   _____
   _____
   _____
   _____

2. 将公司的战略目标落实到 TOP10 高管头上后,按照前文内容,对目标进行 OTP 拆解。

   _____
   _____
   _____
   _____
   _____

3. 请高管利用目标向下对齐七步法和"5W2H 模型",与下级进行目标对齐和承接的演练。目的:双方对目标的认识高度同频。

   _____
   _____
   _____
   _____
   _____

4. 重新思考每个部门的关键指标是否合理。如果不合理,如何调整?

5. 某 SAAS 公司给研发人员制定的一项指标是"修复 bug 数",请问这个指标会带来什么导向?是否有利于企业发展?

6. 给自己设定一个目标,思考自己会如何要资源,以及资源如何排兵布阵。例如,作为产品开发部负责人,团队全年需要开发五个 A 级爆款和十个 B 级爆款,你会怎么做?

配速机制
过程管理

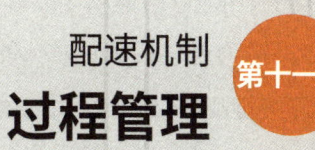

第十一关

管理者作为目标的掌舵者，应关注目标达成的全过程。

假如你是一名飞机驾驶员，今天的目标是下午6点从广州飞往北京。飞机起飞后，你不可能全靠目测来观察飞机是否偏航、机身是否发生故障、外部环境是否发生变化、飞机是否保持在安全的飞行高度……你需要时刻关注飞机上的各类数据仪表盘，统筹好副机长、乘务组之间的配合，确保把飞机上的乘客在规定时间内安全送到目的地。这个过程就像是目标的过程管理，管理者需要关注进展、做好关键决策、统筹好团队配合、及时复盘调优，如图3-16所示。关注目标的成长全过程，才能努力孵化出好结果。

图3-16 目标过程管理的四个核心要素

问题六：如何把控好目标进度，及时纠偏？

目标纠偏"三板斧"如图 3-17 所示。

图 3-17　目标纠偏"三板斧"

（一）内心有一个流程

ITA 目标过程管理流程是针对目标高效达成的全流程控制系统，如图 3-18 所示。这个控制系统中存在两条反馈流：一条是正向反馈流，如果每个环节都不出错，那预期目标最终会被实现，成为实际结果；另一条是负向反馈流，在目标的推进过程中，执行层总会反馈最新的情况、数据等，当与原定的计划、策略、目标有偏差时，就要修正计划，进行策略调优和目标纠正，及时调整人、计划、资源的匹配，直至控制系统能够再次回到正向反馈上。

在这个系统中，一是要有标准，这样才能进行衡量和对比。很多企业喜欢设立制度对员工加以控制，却没有标准，或者标准模糊不清，或者标准太感性、太主观，不好判断。二是要可对照，标准是可以量化的，可以被检验和衡量的。这样才能找出执行差距，进行对比改进。三是在整个"目标—人—资源"调优的过程中，团队上下会逐渐养成同一个对话体系，用相同的标准来对话，有共同的认知，关注相同的要素。

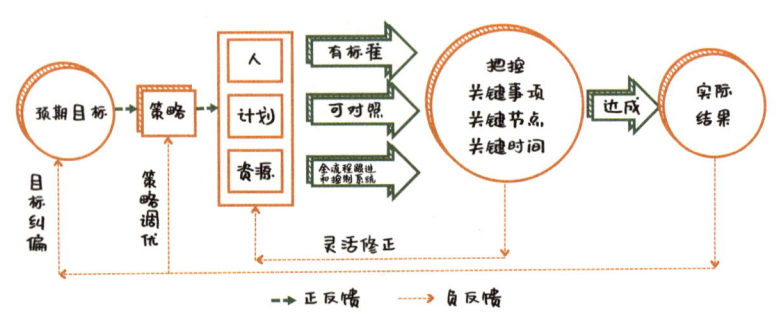

图3-18 ITA目标过程管理流程

在整个控制系统中，管理者无须事无巨细，但要把控好关键事项、关键节点、关键时间。这里推荐"99-50-1项目节点控制模型"，如图3-19所示。当项目还剩99%的时候，检查决策是否正确及是否存在拖延症；当项目还剩50%的时候，检查项目是否跑偏及是否按计划进行；当项目还剩1%的时候，仍旧需要检查交付结果是否符合标准。以上三个节点控制做到位，将大幅度提升项目团队的执行力。

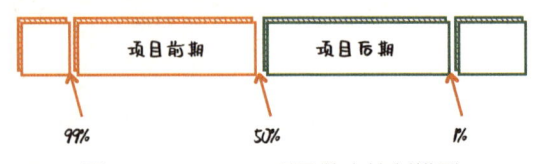

图3-19 99-50-1项目节点控制模型

（二）用好四场目标进度管理会

管理者怎样才能在第一时间发现进度存在问题呢？这个纠偏的载体就是目标进度管理会，如图 3-20 所示。管理者如果能用好这四场目标进度管理会，及时发现问题、解决问题，该给团队鼓励的时候进行鼓励，奔跑速度过快的时候该泼冷水就泼冷水，这样目标就能保持动力持续向前。四场目标进度管理会让凡事有交代、件件有着落、事事有回音。

图 3-20　四场目标进度管理会

1. 15 分钟早会

（1）关注关键事项、关键节点、关键数据情况。

（2）关注计划（P）的进展情况，纠偏、调优。

（3）每日事每日毕。

2. 45 分钟周会

（1）关注 OTP 的整体完成情况及原因。

（2）沟通问题。

（3）沟通需要给予下级哪些支持。

3. 2 小时月会

（1）关注目标（O）的关键指标完成度。

（2）策略（T）复盘。

（3）制订下月计划。

（4）注意进行经验沉淀。

（5）鼓舞士气、荣誉。

4. 半天经营会

（1）经营方向是否需要调整。

（2）预算是否要纠偏。

（3）阶段性成果是什么。

（4）下季度的经营分析。

（5）下季度目标对齐等。

在这四场目标进度管理会上，管理者必须具备的一个品质是提问。不管是什么问题，一定要追问出原因，拒绝简单回复或者无效回复，直到问出一个合理的结果为止。任何结果和决策，一定要经得起批判性提问。不断逼近本质的提问，能够锻炼员工的策略思考，让理性思考取代感性判断，增强团队的成功概率。

如果会上提出了好主意，却不能付诸实践，那会议的产出仍然是零。所以，每次目标进度管理会一定要瞄准目标和关键指标，要有结论和改进计划。让每次会议结束，都能把项目带向一个新阶段，而不是一直原地翻滚。

（三）眼有三张经营视图

经营视图就像飞机上的各类数据仪表盘，一眼就能看出飞机的运行状况。在目标的推进过程中，管理者心中也要有三张经营视图，洞悉整个目标和团队的情况。

第一张是目标达成视图，包括目标的达成率、策略成功情况、计划执行和延期情况、KPI 完成度等。

第二张是人效和人才地图，着重分析人效数据、价值观情况、团队能力成长等。

第三张是整体数据透视图，包括财务数据、库存周转数据、广告 ROI 数据等。

问题七：如何快速有效决策？

在项目进展过程中，管理者无时无刻不在做决策，每个决策都可能把团队带向未知的方向。决策是对未来可能性作出的判断，考验管理者对某件事情拿主意、做决断、定方向的综合能力，它贯穿了整个目标管理和团队管理的全过程。决策力，是管理者的必备能力之一。

决策慢了贻误战机，决策不慎重风险骤增。如何尽可能快速地作出有效决策？首先需要了解决策的分类。按照不同的维度，决策可分为以下几类：

按决策的重要程度可分为两类。一是日常决策，指日常的、琐碎的、不会造成太大影响的决策，如今天团队去哪儿聚餐；二是重大决策，指决策结果不可逆，会造成深远影响，如公司决定将明年的主打市场定在哪儿，钱主要投向哪儿。

按决策确定性程度可分为两类。一是定性的、预料中的、例行的、程序化的，如审批请假、调休等流程；二是不定性的、不可预料的、不例行的、非程序化的，如亚马逊突发打击不合规店铺的行为,一觉醒来,你的店铺大量被封,你该怎么做。

按决策收益时间长短可分为两类。一是长期决策,如企业的三年战略规划;二是短期的、即时反馈的决策,这类决策执行之后马上就能看到结果。

按决策人可分为两类。一是集体决策,团结力量大,决策风险相对较小,但也容易陷入"群思陷阱"。组织行为学发现,越团结,出现集体决策失误的概率反而越大,因为集体决策时每个人都可以逃避责任。二是个人独自决策,很多跨境电商的CEO就是这样,一个人决定着企业的发展方向。

(一)如何提升决策能力

首先,任何决策的终极标尺在于是否符合公司的战略意图、目标意图,是否符合企业价值观。当管理者陷入两难境地时,根据这条可以凭良知作出正确的决策。

其次,提升个人的综合算力。综合算力 = 能力 × 经验 × 认知 × 安全感,如图3-21所示。

图3-21 决策能力圈

能力,由个人经验的复盘能力和内化能力决定。处于能力范围内的事,人一般都比较有信心作出决策。

经验,由挑战难度和借事修人决定。借事修人的能力越强,把经验内化成能力的可能性越大,而新目标的挑战难度决定了作出决策的信心度。

认知,由格局、心态开放度和学习能力决定。任何决策没有绝对的正确和错误,都具备一定的风险,我们能够通过提升自己的认知来提升决策的可靠性。

安全感,与个人的经历相关,如原生家庭影响、个人从业经历等,也与具备的资源和信息丰富度相关。安全感弱的人面对目标时,通常看到的是问题和不确定性,要提高决策能力,需要改变弱者思维。更好的决策,一定是决策者在足够多的信息暴露的情况下作出的。

综合算力由能力、经验、认知和安全感决定,综合算力会形成概率化思考的个人决策系统。算力越强,作出正确决策的概率越大。同时要理解运气、风险和不确定性,反复训练直觉,形成理性与感性的双脑决策系统。

不过需要注意的是,决策很重要,但决策能否被坚决执行更重要。决策的正确性,除了指对错,还指哪个决策结果相对更优,更有利于执行,更能拿到结果。此外,任何决策都要设置止损线,不要偏离实际太远。

(二) 决策工具和模型

使用好的决策工具和模型,将大大提升决策效率。以下梳理了几类比较实用的决策模型供大家参考。

1. 亚马逊——单向门和双向门决策模型

亚马逊的创始人贝索斯把决策分为单向门和双向门两种类型，不同的决策类型使用不同的决策模式，如图 3-22 所示。

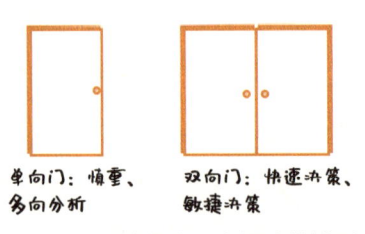

单向门：慎重、多向分析　　双向门：快速决策、敏捷决策

图 3-22　单向门和双向门决策模型

（1）单向门。单向门指决策结果不可逆，会造成深远影响的决策。作出这类决策需要极为慎重，进行多向分析。有必要在团队中设置"首席放缓官"的角色，对决策进行较为全面的推演，以防草率作出某个决策。

（2）双向门。双向门指大多数可逆的决策，这类决策的特点是如果做错了，风险可控，而且可以重新来一遍。对于这种决策，不用过于小心翼翼，可以快速决策，放手去做，如果错了要及时改正。在一次次"快速决策—快速执行—快速改进"的迭代中，不断找出最优解。在双向门中，快速执行决策的能力与作出决策的敏捷性同等重要。

这与霍尼韦尔前 CEO 高德威在工作中使用的决策思路是一致的。对于周期长的业务决策，要把简单变为复杂，慎重思考；周期短的业务决策，把复杂变为简单，快速决策。

2. 101010 决策模型

很多决策之所以比较容易做,是因为决策相对确定且反馈周期短。但对于一些两难且重要的决策,如果当下无法判定,则可以借用 101010 决策模型(见表 3-1),站在更为长远的角度来思考。这个模型有助于我们在决策时免受感性因素和短期利益的影响,从而作出更加明智的决策。

表 3-1　101010 决策模型

时间	决策 A	决策 B
10 分钟	如果选择了 A,这个决策在 10 分钟后,会产生什么影响?我是什么状态?	如果选择了 B,这个决策在 10 分钟后,会产生什么影响?我是什么状态?
10 个月	如果选择了 A,这个决策在 10 个月后,会产生什么影响?我是什么状态?	如果选择了 B,这个决策在 10 个月后,会产生什么影响?我是什么状态?
10 年	如果选择了 A,这个决策在 10 年后,会产生什么影响?我是什么状态?	如果选择了 B,这个决策在 10 年后,会产生什么影响?我是什么状态?

管理大师德鲁克也提出,要发现自己的长处,唯一的途径就是回馈分析法。每次作出重要决策时,要事先记录自己对结果的预期,一年之后再与自己的预期对比。在不断的决策与反馈中,逐渐提升自己的决策力。

3. 加权打分决策模型

当影响因素或决策对象较为确定时，可以使用加权打分决策模型，如表 3-2 所示。该模型通常用于群体决策中，且某个关键人物的意见极为重要，拥有加权倍数的权利。

表 3-2　加权打分决策模型

某公司价值观拟订的决策会议					
	价值观 1	价值观 2	价值观 3	价值观 4	价值观 5
CEO×2 （CEO 的 1 票 = 其他人的 2 票）	3 票 ×2	0	2 票 ×2	3 票 ×2	2 票 ×2
高管 1	2 票	2 票	3 票	3 票	0
高管 2	1 票	3 票	3 票	3 票	0
价值观典范老员工 1		2 票	2 票	3 票	3 票
明星员工 1	3 票	0	3 票	2 票	2 票
总分	12	7	15	17	9

问题八：如何解决跨部门跨团队的协同问题？

跨团队的目标协作是必不可少的，正如前文提到的，一个目标涉及的人越多，人的主观性就越强，需要达成共识和同频的问题就越多，"部门墙"的发生概率就越高，团队内耗越严重，如图 3-23 所示。

目前，大多数企业的目标现状如图 3-23（a）所示，在战略目标的推进过程中，就会形成如图 3-23（b）所示的力作用图。在团队没有形成合力的时候，资源投入越多，目标越容易被带偏。解决团队内耗，就要实现图 3-23(c)中目标的一致性，形成合力的分解。

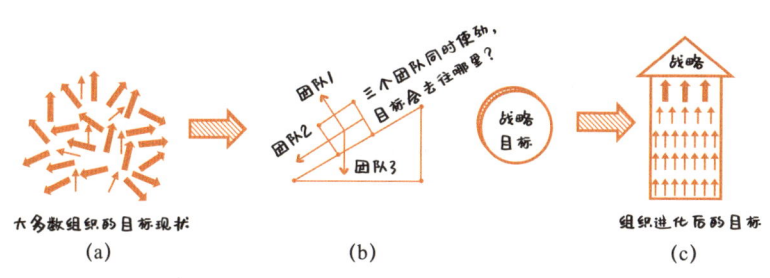

图 3-23 组织与目标的力作用图

（一）建立协同机制

这里推荐使用火箭协同模型,如图 3-24 所示。

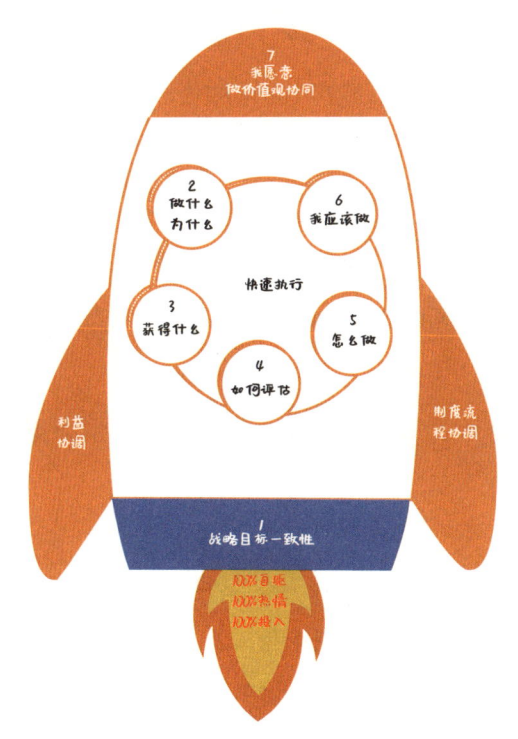

图 3-24 火箭协同模型

（1）目标协同的起点是同一个目标,说清楚做什么、为什么,实现高度同频,形成共识。

(2)做好了我能获得什么激励,形成利益共同体。

(3)如何评估我做得好不好,梳理出各方认同的关键结果指标,利用好绩效管理这个杠杆。

(4)将团队成员调整到更有利于目标实现的角色,实现人和事的最佳匹配,用错人是最致命的。

(5)将协同打造成组织文化,从价值观的层面认同团队协作。同时,要尊重个性,和而不同。这时,个人的意愿度最强、行动力最强,团队的协同力最强。做到团队中的每个人都拥有100%的自信完成目标,拥有100%的热情投入目标。

确保有效协同,机翼部分还有两个保障机制,一是利益协调机制,基于人性出发,利益共享,荣誉共享,责任共担,共同分配同一个奖金包;二是制度保障机制,制定好对应的制度和流程,严格遵守,不约定制度和流程就容易形成灰色地带。

【案例 12】为了更好地协同,你还可以这样提问

- 我需要对方完成的这件事情,具体是什么呢?
- 对方在我要完成的这件事情里,扮演什么角色呢?
- 我为什么需要完成这件事情呢?
- 对方为什么要帮助我完成这件事情呢?是有利益共赢?还是领导施压?还是单纯给我面子?
- 我能够给对方什么协助呢?

- 还有哪些是必要的约束条件/可能存在的风险？对方知道吗？
- 从对方的专业角度来说,会不会有风险？
- 这些问题我都清晰地跟对方表达清楚了吗？

(二)建立共识机制

共识程度决定目标推进难度指数,有共识才能更好协同。

团队共识一般存在四种状态,如图3-25所示。

一是表面一致,内心一致,双方认可达成了真正的共识。

二是表面不一致,内心一致。这说明对方对这个目标的风险等情况还存在疑虑,仍处于摇摆状态,或者目标的利益机制和他本人的利益没有达成一致性。

图 3-25 团队共识的四种状态

三是表面一致,内心不一致。这是团队最不好的一种状态,要么是迫于权威敢怒不敢言,要么是惰性员工处于无所谓的态度,这种情况最难形成合力。

四是表面不一致,内心不一致。这种状态相对较好,只需要创造环境和机会,将分歧点显性化,及时暴露,就有达成统一共识的可能性。

我们可以利用库尔特·勒温的力场分析法来达成共识。在关键问题上达成大多数一致,在非关键问题上给予团队试错的机会。团队共识表如表3-3所示。

表3-3 团队共识表

当前问题			
当前状态			
期待达成共识			
推动力		抵抗力	
分值(1~5分)	推动因素	抵抗因素	分值(1~5分)
	原因1	原因1	
	原因2	原因2	
	原因3	原因3	
	原因4	原因4	
	原因5	原因5	
	原因6	原因6	
总分	对所有力量进行逐一讨论与研究。它们是否真实有效?它们能否被改变?它们中的哪一些又是最为关键的?分析讨论如果减弱制约力或加强驱动力,对变革又会产生怎样的影响。		总分
推动力 VS 抵抗力,最终确定如何行动?			

要打造一个高共识度的团队,也可以进行团队的共识度评估,看团队是否处于合力状态。管理层可以将团队共识度评估表(见表3-4)分发给每个团队成员进行打分,总分80分。68分以上的团队的共识度较高;56~67分的共识度一般;56分以下的共识度较低。

表3-4 团队共识度评估表

题　　目	分值 (1~10分)
1. 很多想法被分享	
2. 每个人的意见被聆听	
3. 大家通过积极聆听和重复来澄清观点	
4. 团队成员彼此借鉴,在他人想法的基础上产生新的想法	
5. 最终的决策建立在可靠信息的基础上	
6. 没有人要固守自己之前决定的解决方案,大家对于新选择保持开放和客观的探索态度	
7. 当最终决策确立时,每个人感到满意并且认为这个决策也包含自己的贡献	
8. 即使最终的决策不是自己原先设想的,每个人也都感到自己的意见被考虑,而且参与了整个过程,这使他们乐意接受和执行最终的决策	

(三)建立团队沟通机制

正确有效的沟通是达成共识的前提,这里推荐极为有效的乔哈里视窗,如图3-26所示。

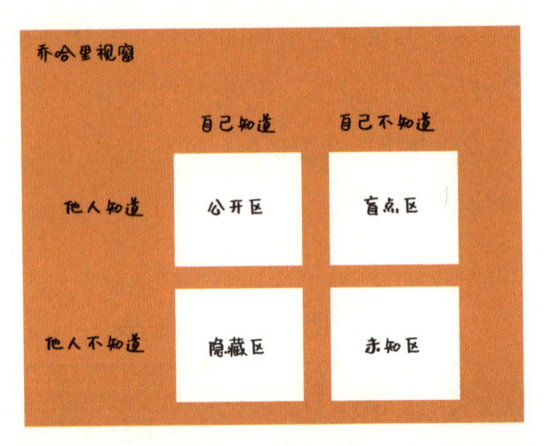

图 3-26　乔哈里视窗

一个人的公开区越大,透明度越高,别人越了解他/她,越能提高可信度,沟通效率也会越高,团队协作力越强。

首先,每个人都有隐藏区,一些是自己不愿意暴露的,一些是没有得到正确暴露的。例如,自己忘了说的、没沟通清楚的、以为别人知道而没有讲出来的。对于这部分内容要进行自我揭示,将一部分隐藏区转化为公开区。

其次,主动寻求反馈,将盲点区转化为公开区。

每个人都有自己的盲点,接受自己有盲点并打破盲点,才能让自己进步。要将盲点区转化为公开区,最常见的方法就是主动寻求反馈。很多管理者在下达任务之后,对下属落实的结果不满意,问题往往出现在布置任务时的沟通环节。相互反馈,才能达成共识。

向上消除盲点,要多主动向更高层级的人学习,这样才能更好地执行领导的意图。横向消除盲点,要多跨部门学习,在工作中获得更广泛的支持。向下消除盲点,要多与执行层打成一片,让自己的工作意图能够得以贯彻,更理解员工的心声。向外消除盲点,要多收集顾客意见和建议,听取用户反馈信息,了解供应商信息、竞争对手变化等,以利于提升服务,也为战略找准方向。

最后,每个人都应挖掘潜能,发挥能动性,勇于尝试、扩大认知。

未知区在整个信息认知区中是最大的,每个人都有未知的巨大成长空间,学无止境。

乔哈里视窗不是静止的而是动态的,我们可以通过内部、外部的努力来改变四个区域的分布。通过建立在任务、信任基础上的交流,扩大公开区,缩小盲点区和隐藏区,探索未知区。

问题九:如何有效复盘?

复盘是人能力成长最有效的途径之一。达利欧说,反思就是把痛苦转化成进步;赫胥黎说,经验不是发生在你身上的事情,而是你对发生在你身上的事情做了什么。如果你没有对自己的遭遇"做了什么",那么这些遭遇就不会带给你任何价值。

其实,在我们进行目标进度管理会时,就是一个个大大小小的复盘会。组织团队复盘时,要复盘什么?复盘目标的方向、复盘目标的策略、复盘目标的计划、复盘团队的分工、复盘团队的能力、沉淀优秀经验、制订下一步计划,并融入现有计划与绩效体系里。

复盘很容易陷入困局或者互相掮架,原因是没有对复盘的问题进行拆分。如果复盘是人的问题,就不要把原因归咎于流程;如果复盘是业务的问题,就不该把原因归咎于哪些团队不配合。复盘的时候要分点复盘,把具体问题、具体原因都找出来。

团队如何进行复盘?下面根据不同的复盘场景,提供几个实用的复盘工具。

(一)【PDCA】日日精进,滚动成长

所有目标皆可 PDCA,每天皆可 PDCA。PDCA(见图 3-27)侧重快速滚动、循环复盘,实现阶梯式进步。出现问题时,我们总在同一个层次打转没有意义,为了让项目不断取得进步,就一定要有意识地争取螺旋形上升,实现高速、执着、持续的进步。

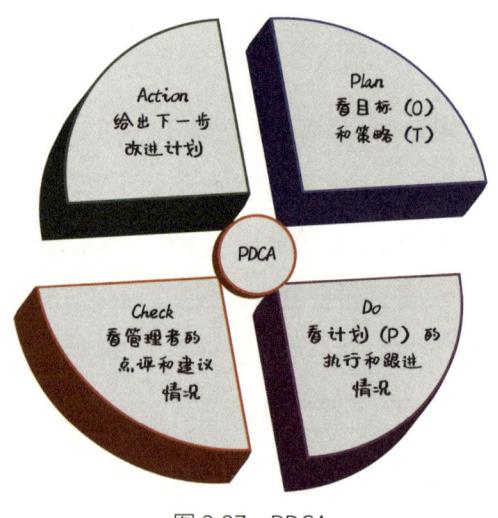

图 3-27 PDCA

日常的早会、周会都可以使用 PDCA 进行复盘，迭代计划。每次 PDCA 小循环，都能修正项目，使其走向稳定前行的轨道。复盘的循环周期越短，发现问题时的调整速度就越快，也就能越早推动项目向下一个阶段进发。

有了不断进阶的复盘意识，就算公司最初的水平不高，经过逐步改善，也能在不知不觉中提升能力，逐渐达到目标水平，缩小与竞争对手的差距，甚至超越对方。PDCA 的阶梯式进步如图 3-28 所示。

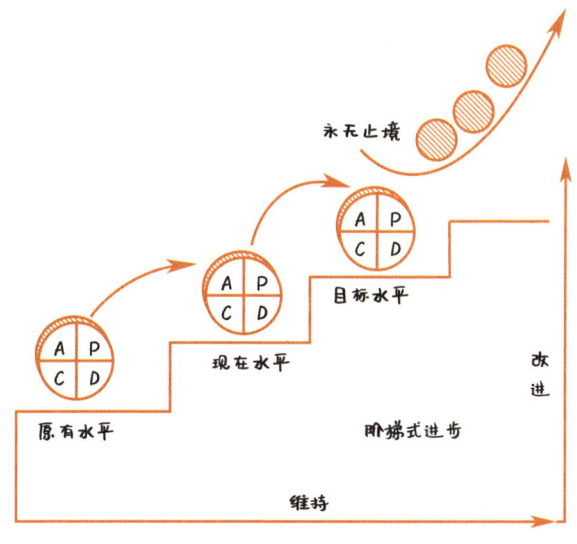

图 3-28　PDCA 的阶梯式进步

（二）【美军 AAR 复盘模型】重要项目，聚焦复盘

AAR 复盘模型的侧重点在于针对某一"具体事件"进行"聚焦复盘"，营造聚焦、开放的环境，展开专业性研讨，沉淀具体经验。参与人数多的大会项目类适合 AAR 复盘模型，如图 3-29 所示。

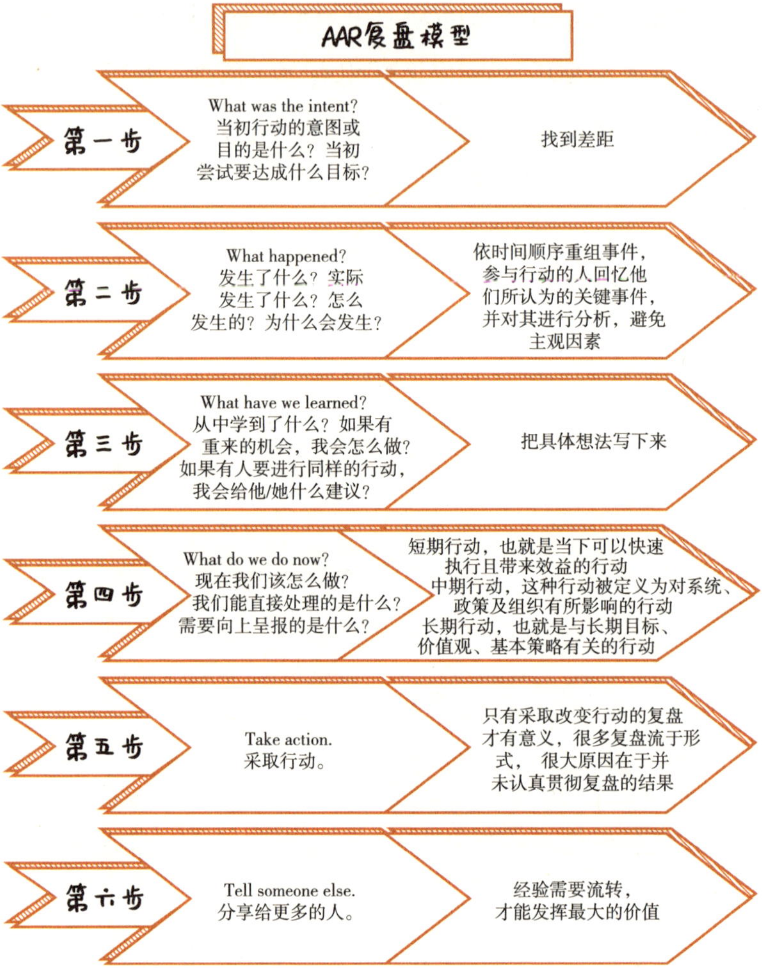

AAR 复盘模型

第一步 — What was the intent? 当初行动的意图或目的是什么？当初尝试要达成什么目标？ → 找到差距

第二步 — What happened? 发生了什么？实际发生了什么？怎么发生的？为什么会发生？ → 依时间顺序重组事件，参与行动的人回忆他们所认为的关键事件，并对其进行分析，避免主观因素

第三步 — What have we learned? 从中学到了什么？如果有重来的机会，我会怎么做？如果有人要进行同样的行动，我会给他/她什么建议？ → 把具体想法写下来

第四步 — What do we do now? 现在我们该怎么做？我们能直接处理的是什么？需要向上呈报的是什么？ → 短期行动，也就是当下可以快速执行且带来效益的行动；中期行动，这种行动被定义为对系统、政策及组织有所影响的行动；长期行动，也就是与长期目标、价值观、基本策略有关的行动

第五步 — Take action. 采取行动。 → 只有采取改变行动的复盘才有意义，很多复盘流于形式，很大原因在于并未认真贯彻复盘的结果

第六步 — Tell someone else. 分享给更多的人。 → 经验需要流转，才能发挥最大的价值

图 3-29　AAR 复盘模型

（三）【PDF 环复盘模型】先推演，再复盘

对于重大的单向门决策，我们还可以用 PDF 环复盘模型，如图 3-30 所示。

P 代表 Preview，指沙盘；D 代表 Do，指做的过程；F 代表

FuPan，指复盘。PDF 环复盘模型即执行之前进行沙盘推演，执行之后进行复盘。把一件事做三遍，眼观全局，心中有数。

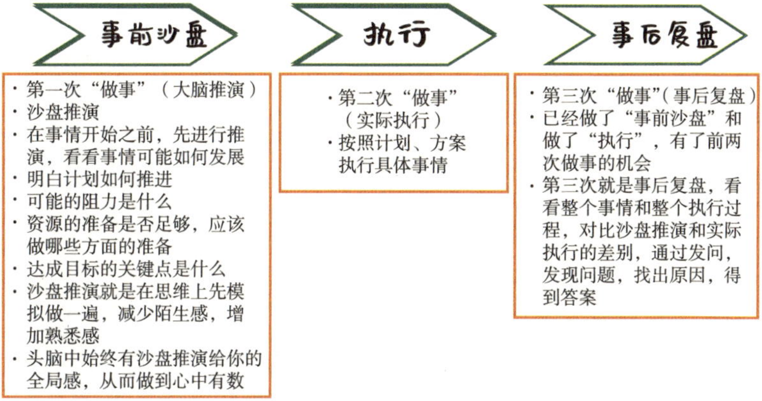

事前沙盘	执行	事后复盘
·第一次"做事"（大脑推演） ·沙盘推演 ·在事情开始之前，先进行推演，看看事情可能如何发展 ·明白计划如何推进 ·可能的阻力是什么 ·资源的准备是否足够，应该做哪些方面的准备 ·达成目标的关键点是什么 ·沙盘推演就是在思维上先模拟做一遍，减少陌生感，增加熟悉感 ·头脑中始终有沙盘推演给你的全局感，从而做到心中有数	·第二次"做事"（实际执行） ·按照计划、方案执行具体事情	·第三次"做事"（事后复盘） ·已经做了"事前沙盘"和做了"执行"，有了前两次做事的机会 ·第三次就是事后复盘，看看整个事情和整个执行过程，对比沙盘推演和实际执行的差别，通过发问，发现问题，找出原因，得到答案

图 3-30　PDF 环复盘模型

（四）【复盘成长四问】个人成长

孔子有言，吾日三省吾身。除了团队复盘，更重要的是每个人对自己进行复盘。

团队里谁是经常复盘的人？那些经常复盘的人，通常都是进步最快、自我迭代最快的人。自身的复盘，不妨使用"复盘成长四问"。

（1）最近工作上最大的进步是什么？做了什么带来了进步？

（2）最近工作上有没有什么失误？这些失误可否避免？

（3）最近有没有一些可以提高工作效率的方法？这些方法可以应用在哪些工作当中？已经应用了吗？

（4）哪些错误是你不能容忍的，但是至今还在发生？下次再出现时可能避免吗？

第十一关 – 通关作业

1. 将一个流程、四场复盘会、三张经营视图在实际工作中进行运用。

2. 反思近几年来自己做的最成功和最失败的决策是什么？根据"决策能力圈"有针对性地提升自己的决策能力。

3. 将书中提到的三种决策模型在实际场景中进行应用。

4. 你公司或团队存在哪些部门墙问题？是如何产生的？如何利用本书提到的协同、共识和沟通工具进行解决？

_____
_____
_____
_____
_____
_____

5. 从今天起，在早会和周会上使用 PDCA 进行复盘，实施一个月后分析目标情况及团队状态。

_____
_____
_____
_____
_____
_____

6. 对于进度管理，你还知道哪些优秀的工具或模型？

_____
_____
_____
_____
_____
_____

第十二关 借事修人
团队管理

优秀的管理者是一个好教练。

团队管理三要素如图 3-31 所示。

图 3-31 团队管理三要素

团队管理三要素：
- 打造胜仗团队
  - TPERC 五力模型
  - T-IPO 培养模型
- 借事修人式培养
  - 3+1 点评模型
  - 三个三激发式绩效模型
- 教练型管理者
  - 会提问、会倾听
  - 会反馈

问题十：能打胜仗的团队要具备什么能力？

在整个目标管理的过程中，团队管理贯穿所有环节，一切的执行都需要人去做。很多时候不是方向不对，不是策略不好，而是做得不够。

一个能打胜仗的团队，不是天生的，而是在一次次的项目中历练出来的。以 TPERC 五力模型为核心，我们梳理了胜仗团队的三条黄金律,如图 3-32 所示。

原动力:价值观契合,使命契合。

初速度:五力强,专业能力强。

加速度:开放度高,成长性强。

打仗能力 = 原动力 ×(初速度 + 加速度 × 时间)

= 意愿建设 × 能力建设

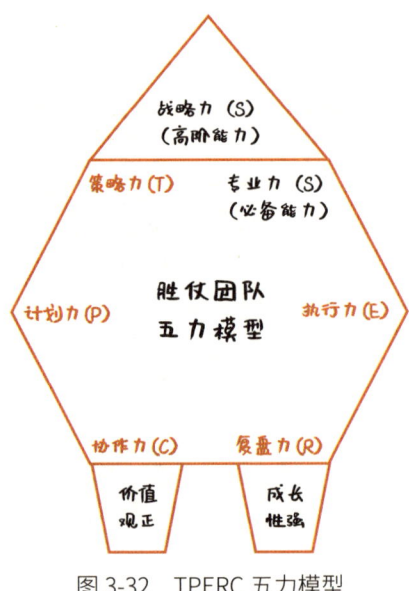

```
                    战略力 (S)
                   （高阶能力）

         策略力(T)      专业力(S)
                      （必备能力）

                   胜仗团队
         计划力(P)   五力模型    执行力(E)

         协作力(C)      复盘力(R)
         ┌──────┐    ┌──────┐
         │ 价值 │    │ 成长 │
         │ 观正 │    │ 性强 │
         └──────┘    └──────┘
```

图 3-32　TPERC 五力模型

（一）提升团队五力

如何锻炼团队的五大能力呢？先对 TPERC 进行梯度分级,对照画出自己的五力能力雷达图,进行侧重提升。胜仗团队 TPERC 五力判断标准如表 3-5 所示。

表 3-5　胜仗团队 TPERC 五力判断标准

能力	标准
策略力（T）	1分：对日常目标，能够独立分析出目标的实现策略； 2分：面对有挑战的目标，能够独立分析出实现策略； 3分：能够指导他人对有挑战的目标分析出合理的策略； 4分：面对长期目标，能够深谋远虑，分析出关键策略； 5分：面对公司的战略目标，能够运筹帷幄，作出关键布局策略
计划力（P）	1分：对日常目标，能够独立分析出目标的计划路径； 2分：面对有挑战的目标，能够独立分析出目标的计划路径； 3分：能够指导他人对有挑战的目标分析出合理的计划路径； 4分：预见性强，面对长期目标，能够深谋远虑，分析出关键达成计划； 5分：面对公司的战略目标，能够运筹帷幄，并能因地制宜、灵活应变，作出关键达成计划
执行力（E）	1分：能够按时按质完成管理者分配的任务； 2分：积极主动，提前高质量完成任务； 3分：卓越完成自己的任务，并主动承担团队额外的工作，且能交付好结果； 4分：根据规划，以身作则，带领团队高水平完成目标； 5分：不仅能带领团队完成目标，还能带动跨部门高质量协同完成共同目标
复盘力（R）	1分：能做个人维度复盘，分析个人优缺点，制订个人改进计划； 2分：能做业务复盘，分析业务得失，找原因，并做业务改善； 3分：能结合业务和组织做复盘，优化流程和体系，并转化成能力； 4分：有大局观，做全链条复盘，解决关键矛盾，推动业务改善； 5分：有全局观，能做战略复盘，找原因，找客观规律，带领业务成功

续表

能力	标准
协作力（C）	1分：能换位思考，与他人有较强的协作意愿； 2分：基于结果导向，主动发现并解决协作问题，完成协作目标； 3分：提前建立团队共识，让团队各个纵向层级都能高效协作，完成部门目标； 4分：做到纵向、横向双向顺畅协作，促进跨部门、跨业务流程的优化，促进公司关键目标达成； 5分：能够基于公司战略目标，促进公司内部团队和外部伙伴的高效协作，提升公司竞争力，建立生态优势

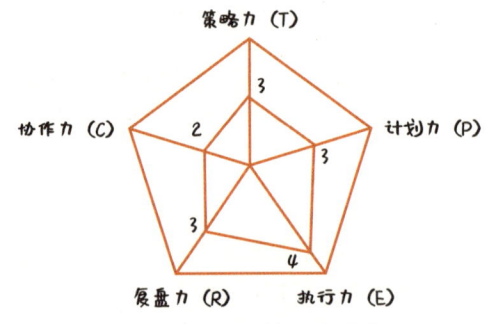

【案例13】分析星锐实业有限公司某员工的五力雷达图

某员工的五力雷达图如图3-33所示。

图3-33 某员工的五力雷达图

该员工的执行力很强，策略力、计划力、复盘力也不错，具备把目标变成结果的潜力。但是协作力比较弱，说明这个员工适合独立承担某项工作，在协作上要么不懂如何协作，要么协作意愿不足，需要找出协作力不强的原因,进行针对性提升。

找出五力短板后,用 T-IPO 成长模型对其进行训练,如图 3-34 所示。

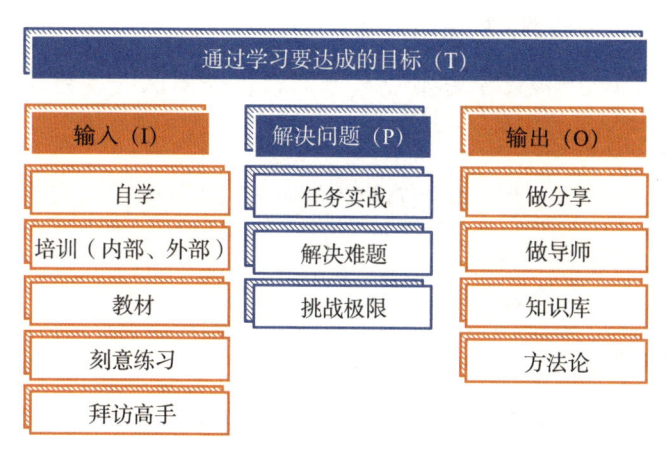

```
          通过学习要达成的目标（T）

    输入（I）         解决问题（P）        输出（O）

    自学             任务实战            做分享
    培训（内部、外部）  解决难题            做导师
    教材             挑战极限            知识库
    刻意练习                             方法论
    拜访高手
```

图 3-34　T-IPO 成长模型

输入(I)。输入的方式有很多,如自学、企业内外部的培训、教材学习、自己刻意练习,或者拜访高手,向高手学习。

解决问题(P)。任何输入都要经过内化,才会成为自己的知识体系。内化的方式有很多,如学完马上进行任务实战,解决一个高难度问题,或者去挑战一个新的极限目标等,在解决事情的过程中进行内化。

输出(O)。内化成自己的知识后,最好的巩固就是输出。例如,做分享、做导师,重新梳理建立知识库,形成自己的方法论等。

通过一次次的 T-IPO 来滚动式、螺旋式成长,达成业务目标。

（二）五力在招聘中的应用

除了日常培养，我们也可以将五力用于筛选候选人，组成一个五力强大的团队。

1. 判断候选人的策略力

（1）工作场景：打造亚马逊运营优秀团队的关键策略是什么？

（2）学习场景：如果你刚转型到一个陌生领域，你如何成为这个领域的顶尖高手？

（3）生活场景：用什么策略，可快速估算出深圳年收入50万元以上的人数？

（4）朋友场景：如何判断一个人，是否值得做你一辈子的朋友？

（5）挑战场景：如果让你带领一条产品线成为行业第一，你怎么做？

2. 判断候选人的计划力

（1）你团队里，最杰出的人和普通的人，他们的计划最大的差别是什么？

（2）你一天的时间是怎样安排的？

（3）你现在为未来做了哪些事？

（4）你坚持了三年以上的习惯有哪些？这些年发生了哪些改变？

（5）当你发现团队目标达成差距很大时，你会怎么调整？

3. 判断候选人的执行力

（1）如果你的领导给了你自相矛盾的工作安排，你会怎么做？

（2）如果你预见到一个目标达成会延期，你会怎么做？

（3）如果你团队里有人的产出总是不达标，你会怎么办？

（4）如果跨部门的配合产出不及时，你会怎么办？

4. 判断候选人的复盘力

（1）你印象最深刻的复盘是哪次？当时的复盘给你带来的启发有哪些？后来是怎么影响你的？

（2）如果你发现团队的工作流程出现了问题，你如何组织复盘，让大家发现问题？

（3）当你发现公司的一个决策有问题时，你如何处理？你是否会对这个决策进行纠偏，并且取得相关方所有人的共识？

5. 判断候选人的协作力

（1）同事经常在什么情况下会找你帮忙？

（2）当团队职责不清晰，导致很多工作矛盾时，你怎么看待这个情况？你会怎么处理？

（3）如果供应链部门经常出问题，影响产品星级得分，你如何解决这个问题？

问题十一：如何在做事的过程中培养团队能力？

目标管理的终极目标不仅是制定目标、达成目标，还有通过这个过程，淬炼团队能力、组织能力。"借事修人"模型如图3-35所示。

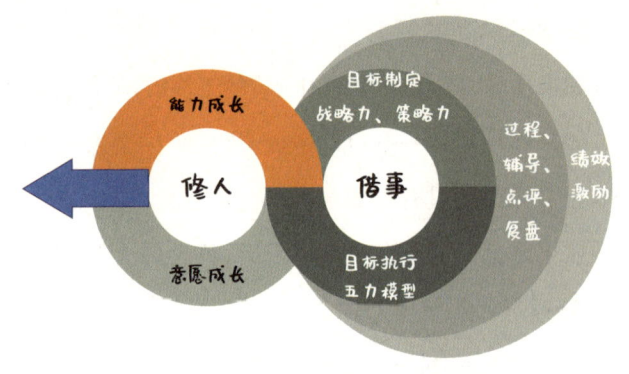

图 3-35 "借事修人"模型

ITA 目标管理的核心在于因人成事、借事修人,即通过赋能人才完成目标,在目标的完成过程中又促进了人才的能力成长。

"借事"是能促进团队行为改变的,不是只有考核的指标,还有点评、复盘、沟通、鼓励等。对团队的管理,不能停留在结果层面,还要深入过程,找到更好的策略、更好的路径、更强的能力等。这里我们提供两个日常团队的激发模型:3+1 团队点评模型和"三个三"激发式绩效模型。

(一)3+1 团队点评模型

3+1 团队点评模型倡导在日常的沟通中运用,对团队进行赋能,帮助团队成长,如图 3-36 所示。

点评前先对目标绩效进行综合审视,审视该成员的关键目标达成情况如何,团队建设情况如何,以及个人能力的成长状况如何。

首先点评目标,审视目标,审视当前的方向是否与预期方向相符。审视策略,审视当前进行的策略是不是最佳策略,会带来什么样的结果,差距是什么。审视计划,审视当前的进度与预期进度是否相符,差距有多少,是什么原因导致的差距。

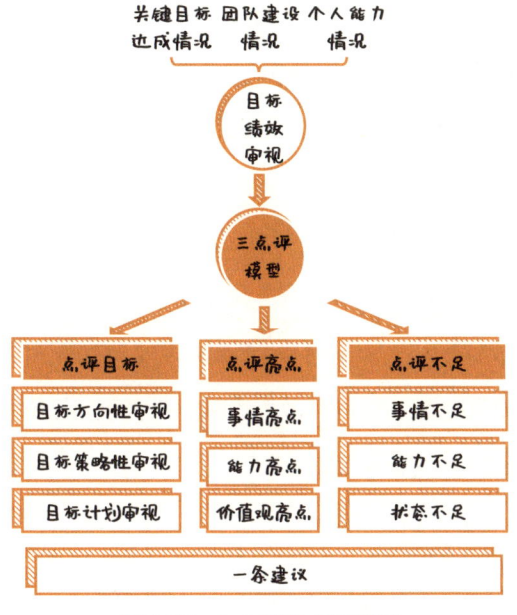

图 3-36　3+1 团队点评模型

其次,点评亮点,在目标执行过程中,员工哪些事情做得很好,表扬要具体、有事例,激励其继续这样做;点评能力,在推进项目过程中,哪方面的能力和价值观表现突出,及时给予表扬;然后,点评价值观,注意对人的点评不要轻易上升到"你这个人价值观不行",要具体问题具体分析,给予其充分的信任,期待下一次改进。

再次,点评不足,哪些事情没有做好,员工哪方面的能力和状态表现达不到团队要求,及时指出造成的既定伤害和潜在伤害。

最后,给予下属建议,如何更好地达成目标,需要什么支持,给予一条建议。

（二）"三个三"激发式绩效模型

在大多数企业里，绩效只有完成和没完成，完成了给奖金，没完成不给。特别是销售等业绩部门，企业和员工每月都为定多少目标而产生矛盾，员工希望目标越低越好，企业希望目标越高越好。这里给大家介绍一个激发团队活力的"三个三"激发式绩效模型，概括来说就是三级跳、三贡献、三激励，如图3-37所示。

"三级跳"是围绕目标进行的，把目标分为保底目标、挑战目标和冲刺目标三个层级。作为成长型企业，每年的目标必须有明显进步，完成保底目标是基本标准。所以要对保底目标做考核式管理，对挑战目标和冲刺目标做教练赋能式管理。不同层级有相应奖励，完成的目标越高奖励越丰厚。这样一来，员工就能够为达成更高的目标而努力奋斗。

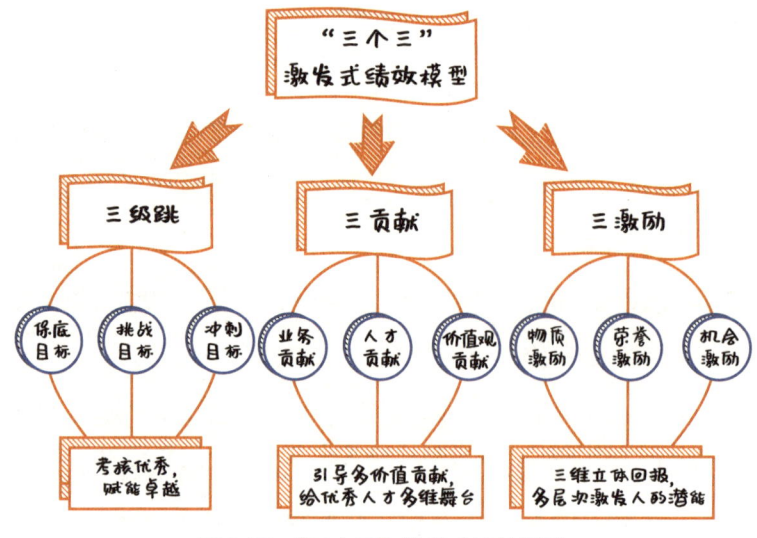

图3-37 "三个三"激发式绩效模型

"三贡献"是引导优秀人才做多维贡献,分为业务贡献、人才贡献和价值观贡献,避免管理者只有业绩视角。"三贡献"引导多价值贡献,给优秀人才多维舞台。例如,价值观里有创新,那么设计贡献体系时,就要识别和评价团队在创新方面的贡献。

"三激励"是指给予团队饱满立体的激励,让人才充分释放能量,具体包括物质激励、荣誉激励,以及针对人才的能力特长和素质特点给予的机会激励。对于所有目标和贡献,都要匹配对应的物质激励,如一个高管,培养出多个优秀的管理层,那么在年终奖时就要多分配。另外,荣誉激励要给予有重大业务贡献、卓越目标达成、人才贡献和价值观贡献的人。机会激励要给那些能完成挑战目标和冲刺目标的人,因为他们完全胜任了当前的岗位,急需新的舞台去提升和发挥。

问题十二:如何成为一名优秀的教练?

帮助团队借事修人的管理者,一定是一名优秀的教练,会提问、懂倾听、会反馈。在不断提问、倾听、反馈赋能的过程中,帮助团队提升能力。

(一)会提问

爱因斯坦在《物理学的进化》一书中讲:提出一个问题,往往比解决一个问题更为重要,因为解决一个问题或许是一个数学或实验上的技巧问题,而提出新问题、新的可能性,从新的角度看待旧问题,却需要创造性的想象力,而且标志着科学的真正进步。

在走访中发现,当团队出现问题时,很多管理者第一反应是质疑和批评,而不是提问,提问也很难触及问题的本身。管理者应该具备第一性思考的提问能力,将问题进行抽丝剥茧的剖析。提问模型推荐 GROW 模型,如图 3-38 所示。

图 3-38　GROW 模型

1. 针对目标进行提问

（1）你的目标是什么?

（2）这个目标是怎么来的? 达成这个目标的意义是什么?

（3）实现目标的标志是什么?

（4）如果需要量化,要拿什么量化你的目标?

2. 针对现状进行提问

（1）目前的状况如何?

（2）你如何知道这是准确信息?

（3）为什么会发生这种情况？这是什么时候发生的？以后还可能发生吗？

（4）你做了什么来改变现状？你都做了什么来实现目标？

（5）这些都与谁相关，他们的态度如何？

（6）是什么原因让你不能完成目标？最根本的原因是什么？

3. 针对方案可能性进行提问

（1）为改变目前的情况，你做了什么？

（2）可供选择的方法有哪些？

（3）你曾经见过或者听过别人有哪些做法？

（4）你认为哪种选择是最有可能成功的？

（5）这些选择的优缺点是什么？

（6）挑战哪些指标有可能被实现？还有哪些可能性？

4. 针对行动计划进行提问

（1）下一步计划是什么？后面两步、三步的计划又是什么？

（2）什么时候开展最佳？

（3）可能遇到的障碍是什么？

（4）你需要什么支持？

（5）谁可以帮助你？

（6）你如何获得支持？

（二）懂倾听

倾听是提问的前提，一个好的倾听者才是一个好的提问者。一个好的倾听者，能够让倾诉人感受到尊重的力量，而尊重需求又是激励中非常重要的一个板块。倾听力可以通过刻意练习而习得，FFA 倾听模型如图 3-39 所示。

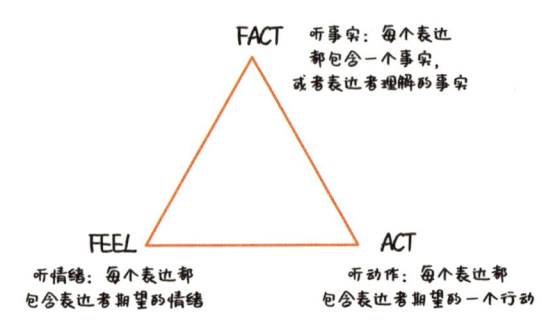

```
                    FACT  听事实：每个表达
                     △    都包含一个事实，
                    / \   或者表达者理解的事实
                   /   \
                  /     \
                 /       \
              FEEL ----- ACT
    听情绪：每个表达都        听动作：每个表达都
    包含表达者期望的情绪       包含表达者期望的一个行动
```

图 3-39　FFA 倾听模型

倾听者应有以下倾听态度：

（1）倾听习惯，体现尊重和理解。良好的倾听习惯应有正确的肢体语言、不时的回应、与对方的眼神交流、认真记录、三秒留白、不急着回应、等对方讲完。

（2）仔细思考。倾听的背后是思考能力，不断练习运用 FFA 倾听模型分辨事实、情绪和行动、需求；思考相关性、真实性和底层原因。只有仔细思考才能明晰问题，从而得出正确的行动计划，以解决问题。

（3）积极回应。确认对方提出的需求、肯定需求的合理性、提出解决方案、最后加上开放式结尾。让沟通变得积极有效，导向行动，这样才能真正解决问题和发展关系。

（三）会反馈

在工作中，我们需要别人的反馈，也需要给别人反馈，学会正确反馈是管理者的必备能力之一。大多数新任管理者不敢反馈或者害怕反馈，还有很多有管理经验的管理者，因为反馈方式不对，经常适得其反。所以，管理者要具备"被讨厌的勇气"，要懂得正确反馈的方法。

1. 反馈的类型

1）正向反馈和负向反馈

（1）正向反馈：积极的反馈，表扬、欣赏。表面上，欣赏是对一种行为的强化和认可；更深层次看，正向反馈代表一段信任关系的建立。

（2）负向反馈：通过给予对方建议，帮助下属适应、转变、学习和成长。负向反馈不能简单理解为批评，而是建议。批评针对错误，而建议是专注于如何帮助下属改正错误。

2）及时反馈和延迟满足

（1）及时反馈：当你看到下属的行为有利于或妨碍目标的达成和团队的成长时，应立即给予反馈。对于正向的及时反馈，可以形成"进步—表扬—进步"的状态，循环往复，形成一个正向的增强回路。让下属及时知道哪些行为是被鼓励的，来加强员工的心流状态，从而带来更大的改变。

其实在我们的日常管理行为中有很多正向反馈被忽略了，如当你觉得下属的日报、周报写得不错时，给予一句鼓励的评论；当下属提出一个不错的点子时，在工作群内不要吝啬你的表扬……

对于批评建议类的反馈，要及时指出员工存在的问题，形成"错误—建议—进步—表扬—进步"的正向心流环。

（2）延迟满足：虽然及时反馈很重要，但是如果工作中只有及时反馈，很容易把员工导向短期思维。延迟满足是对短期欲望的克制，是对困难的不屈，更有利于长期价值目标的实现。特别是对于中高层管理者的培养，需要特别关注延迟满足的特质。

2. 四种反馈类型如何使用

1）正向反馈和负向反馈，让每次反馈都能带来正向成长

在奈飞内部有一个反馈模型，称为奈飞275反馈模型，如图3-40所示。其中，继续类反馈占25%，改进类和停止类反馈占75%。要尽量避免不具操作性的泛泛而谈，如"你真是个好同事"，这类反馈应为0。

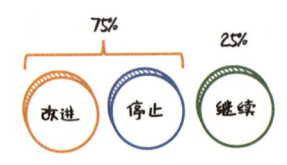

图3-40 奈飞275反馈模型

2）及时反馈和延迟满足：注意运用场景和层级

在计划的日常推进中，管理者需要多观察，给予更多的及时反馈；对于基层员工和基层管理者，这类反馈的频次更高。对于中高层管理者，延迟反馈的时间会拉得更长些，如按照季度、半年度、年度进行物质激励反馈。除了及时反馈，在一些节点，如月末、季度末、年终等，还需要设置一对一的定期反馈。

3. 如何正确反馈

1）正反馈环

不要让夸奖停留在"你真棒"，管理者需要思考如何让每次

反馈都成为"正反馈环"。正反馈环如图 3-41 所示。

（1）我关注到你最近做得不错。

• 不要吝惜你的赞美。

• 赞美要有事实,有依据,有细节,有数据,要明确指出哪里做得不错,用客观的词来描述。

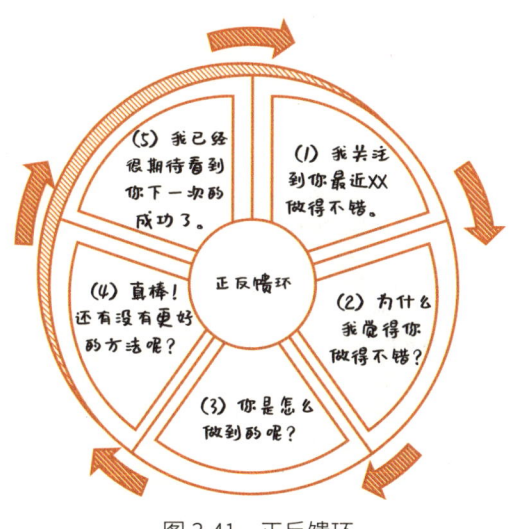

图 3-41　正反馈环

（2）为什么我觉得你做得不错?

• 为目标的达成带来什么益处?

• 为自己的成长带来哪些益处?

• 为团队带来哪些益处?

（3）你是怎么做到的呢?

• 让下属自己总结经验,鼓励他沉淀经验。

• 满足下属的表达欲。

（4）真棒！还有没有更好的方法呢？

让下属思考更多，还有哪些是做得不够好的？哪些是可以继续加强的？

（5）我已经很期待看到你下一次的成功了。

热烈地表达你对他改进的期望，并相信他一定能做到。

2）负反馈环

不要让负反馈成为批评，而要成为改善负反馈环如图3-42所示。

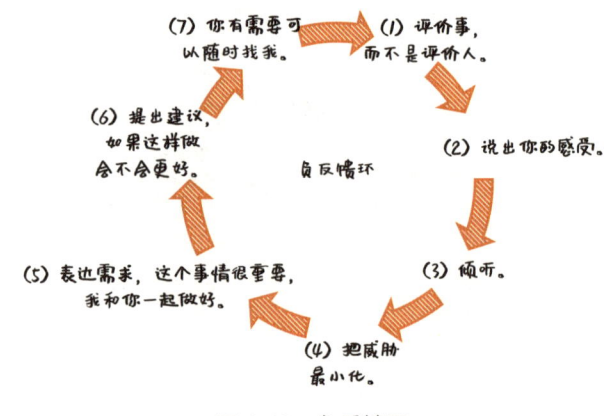

图3-42　负反馈环

（1）评价事，而不是评价人。

- 先说事实，我看到了什么？
- 我认可你的能力和态度，但是在这件事上没有做好，或者有欠缺。
- 每个人对自己都是认可的，如果你否定对方这个人，那么势必会受到对方的抵触。

（2）说出你的感受。

- 这个做法让我担心。
- 希望他成长，而不是责备。
- 谨防"基本归因错误"。当解释别人的不良行为时，我们将其归咎于该人的固有品质；但是，当解释自己的不良行为时，则会将其归咎于特定情况。
- 在与员工交流时应该保持成长型心态，相信他们通过培养可以获得成长。

（3）倾听。《关键对话》书中提出了一个观点：我们总是一下就从观察跳到构想。假如脑海里的构想看似合理，你就会把它作为故事的原点，用事例加以说明。谨防先入为主，以构想代替事实。

（4）把威胁最小化。根据SCARF（Status, Certainty, Autonomy, Relatedness, Fairness）模型，可以通过提升对方的地位感、确定感、自主性和公平感来降低胁迫感，让对方在听取反馈时毫无压力。

（5）表达需求，这个事情很重要，我和你一起做好。站在对方的角度，建立信任感。

（6）提出建议，如果这样做会不会更好。很多时候下属不改进，是因为管理者只提出了要求，却没有给出具体的指导意见，导致下属想改，却不知道如何下手，或者又走向了另一条错误的道路。

（7）你有需要可以随时找我。让他知道背后有支持，遇到困难时知道该找谁支持。

(四)给下属制订 IDP 成长计划

给团队中的每个成员量身定制 IDP 成长计划(见表 3-6),成长计划要基于目标出发,基于员工能力和发展路径出发,并且在每个培养环节都要做到 IPO,I 即 Input(输入)、P 即 Problem(解决问题)、O 即 Output(输出)。

表 3-6　IDP 成长计划

姓名		部门		上级	
当前业务目标					
个人优势					
个人挑战					
重点发展的三项能力素质(知识、技能、能力素质)					
能力项	能力项	要达到的水平	提升的计划(学习计划+挑战计划,IPO)	计划实现的日期	

第十二关 – 通关作业

1. 你认为能打胜仗的团队,要具备什么能力?画出你公司各岗位的能力雷达图并与现有成员进行对照。

_____
_____
_____
_____
_____

2. 思考你公司哪些方法、机制或流程体现了"借事修人"的管理理念?

_____
_____
_____
_____
_____

3. 你是一位优秀的教练型管理者吗?如果不是请制订自己的教练成长计划。

_____
_____
_____
_____
_____

第十三关

以终为始
结果管理

抓好了过程管理,结果自然而然发生。

问题十三：结果管理管什么？

（一）从业务维度看

对管理者的结果评价，一是评估目标达成情况，二是评估绩效目标达成情况，三是评估组织目标达成情况。在目标过程管理中，高频的例会、坦诚的沟通、日常的点评和复盘，已经为结果评价沉淀了很多目标数据和人才数据，这让评价变得简单而有依据。结果管理的三维度和三视角如图3-43所示。

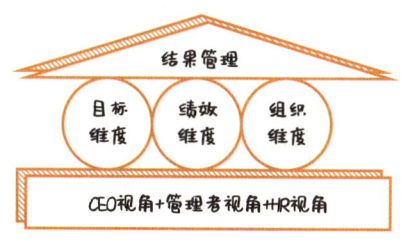

图 3-43　结果管理的三维度和三视角

1. 目标维度数据

（1）6大年度战略目标的进度情况：财务目标、增长目标、长期价值目标、客户价值目标、内部运营目标、组织与人才目标。

（2）目标资源：六大年度战略目标的资源投入分析、激励分析等，确保关键目标有关键资源投入。

2. 绩效维度数据

（1）关注目标的策略、目标的计划、目标的进度——绩效考核，对员工的一个阶段的表现进行总结，给予正式的评价，并兑现。

（2）**价值观得分演变图**。例如，通过可视化的人才价值观图（见图3-44）和团队能力模型图（见图3-45），你能看出哪些问题？怎样帮助该同事？

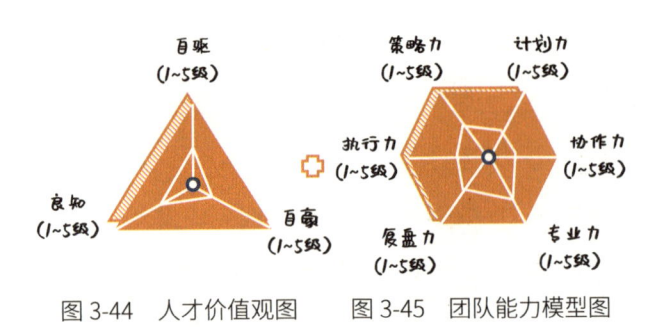

图3-44　人才价值观图　　图3-45　团队能力模型图

3. 组织维度数据

（1）人才地图：公司人才271地图、人才梯队地图、核心人才能力地图。

（2）人才激励：关注核心人才的激励情况，确保优秀人才得到最好的回报。

（3）建立体系化贡献荣誉感：对使命、愿景、战略的贡献，对价值观的贡献,对团队的贡献,每个闪光时刻都被记录。

"业绩—价值观"人才分布图如图 3-46 所示。

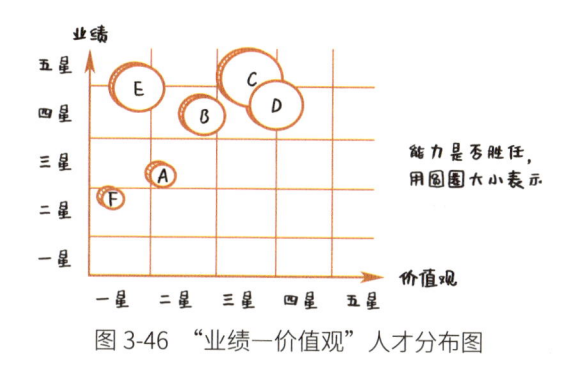

图 3-46 "业绩—价值观"人才分布图

人才怎么盘点：CEO 管好 TOP10，TOP10 管好 TOP100；级别越低的员工,考核频度越高,级别更高的员工考核周期更长；重点盘点你的下级、下级的下级、专业明星。盘点数据来源于进度管理和团队管理中,根据日常目标达成数据和行为数据进行盘点。

（二）从不同身份看

1. CEO 视角

（1）关注六大年度战略目标进度：财务目标、增长目标、长期价值目标、客户价值目标、内部运营目标、组织与人才目标。

（2）关注目标资源的匹配是否合理：六大年度战略目标的资源投入分析、激励分析等,确保关键目标有关键资源投入。

（3）关注公司核心人才：公司人才 271 地图、人才梯队地图、核心人才能力地图。关注 TOP 10 人才,关注公司人才 271 地图中 20% 的核心人才。

（4）关注公司整体人效：多维度的人效数据，关注核心人才的激励情况，确保优秀人才能得到最好的回报。

2. 管理者视角

（1）关注目标的策略、目标的计划、目标的进度。

（2）关注目标的评价。

（3）关注人才能力的成长。

（4）关注目标的文化和士气。

3. HR 视角

（1）关注人才的结果表现。

（2）关注人才的能力变化。

（3）关注团队价值观、文化。

（4）为管理层和 CEO 提供人才的决策分析。

（5）协助管理层落地对人才的奖惩。

（三）从目标管理全流程看

ITA 目标管理的全流程涵盖三个视角，分别是执行者视角、管理者视角、HR 视角。执行者视角关注整个目标的执行闭环；管理者视角关注目标进度和结果，以及对团队进行赋能；HR 视角关注结果管理和应用。将三个视角串联，就是整个目标管理的达成路径。如果目标没有被很好地完成，可以逐一查找问题，看问题出现在哪个层级的哪个节点。ITA 目标管理 18 关如图 3-47 所示。

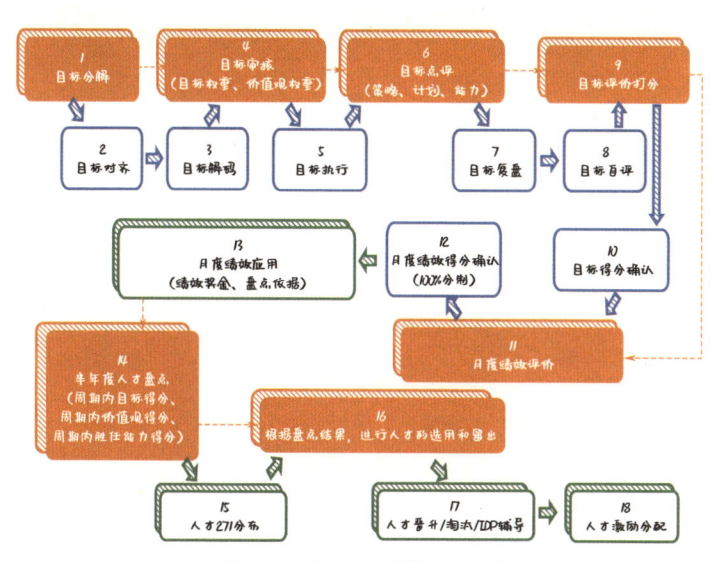

图 3-47　ITA 目标管理 18 关

第十三关 – 通关作业

1. 你的企业目标管理中会遇到哪些"坑"？根据本章内容，你打算如何解决？

　　_____

　　_____

　　_____

2. 你如何理解"借事修人"的管理理念，你是一名帮助团队"借事修人"的管理者吗？如果不是，如何提升？

　　_____

　　_____

　　_____

3. 梳理出适用于你企业的经营管理视图。

　　_____

　　_____

　　_____

4. 对于"业绩—价值观"人才分布图中的 A、B、C、D、E、F 类型员工应该如何针对性地处理？

　　_____

　　_____

　　_____

恭喜你,顺利通过本章的四关。

三分战略定天下,七分执行决输赢,目标管理是真正的趟泥泞、行远路,只有排除万难实现目标,战略才有意义。希望各位管理者,持续地借事修人,锻造一支高绩效的王牌军队。

第四章

人效激发层

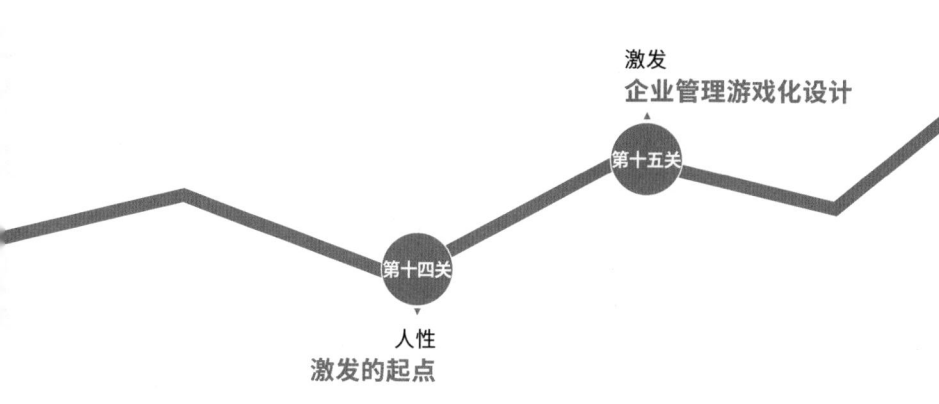

激发
企业管理游戏化设计
第十五关

第十四关

人性
激发的起点

X是一位铺货模式的大卖家，用X代指他，是因为X代表无限可能，而他正拥有无限可能的未来。在X的世界观里，世界是一个大型游戏场。

这个游戏不是娱乐意义上的游戏，而是指世界的构建游戏。当我们审视世界中万物的运行规律，并用游戏设计的方式去解构这个世界，再用"上帝视角"设计这个世界时，不得不佩服世界运行规律的强大。在游戏建构者的思维中，世界的架构充满了因果逻辑与技术构建、基因与进化、天道与使命。

基于这样的内核，回到跨境电商铺货赛道。跨境电商是数据上天然的一个赛道，所有业务都可以被数据化、线上化。订单是数据化的、产品是数据化的、物流是数据化的，核心资产店铺等也都是数字化的资产。

铺货逻辑可以用一个粗糙的公式来表达：

月均业绩 =SKU（在库量）× 刊登率 × 平均刊登店铺数 ×

  店铺内平均刊登 Listing 数 ×Listing 月均订单数 ×

订单妥投率 ×（1- 订单退货率）× 平均客单价

从这个公式中可以看出，铺货就像数据时代诞生的一个数据商业游戏，铺货赛道最大的杠杆就是数据与技术结合产生的效率。在这个游戏里，能玩好的，就是那些善用数据和技术，玩出各种开挂效率的人，如选品效率、刊登效率等。当然，公式的后半部分还有表示供应链和物流效率的内容，这是与数据流通世界并行的实物流通世界。

所以，X一直坚持在技术与效率上提升技术。至今，X正在把技术向自动化和智能化方向推进，进一步提升效率。

"我们不妨设想，如果我们训练人工智能机器人来做跨境电商运营，极其精准的选品能力、高效的刊登水平、智能化的运营、智能化的广告投放、自动化客服、超强的数据分析和优化能力，是不是会所向无敌？如果我们的团队中，有很多这样的机器人，人机结合做工作，那么跨境电商铺货会变成什么样的商业世界？"这是一次我们与X关于铺货战略的探讨。

X用游戏化的思维探讨铺货战略的未来，也用游戏化的方式管理团队。游戏化的管理方式随处可见。

例如，随着公司扩张，车位越来越紧张，如何让车位发挥最大的价值，给应该给的人？X公司举行了一次车位线上竞选：你可以选你自己，也可以选同事，但要写上需要车位的切实理由。群里其他人有权对你的理由提出异议，如果你不能解释这些异议，那可能无法获得车位。按照这种方式，车位最终给了最需要的人，团队也无人抱怨。当然，每三个月这个游戏就会重来一次，所有同事可重新竞选。好玩的是，经过竞选，X作为CEO也失去了车位，他欣然接受了这一游戏结局。

再讲个小故事。X的公司管理层每周会在公司群分享，如果分享被CEO看中，或者是被其他同事看中，X会从中选取一位幸运儿。该幸运儿可以进入CEO的办公室，选取任意物品作为礼物带走。"很多同事对进入CEO办公室挑选礼物是非常兴奋的，这无疑激发了他们的斗志，而且从他们挑选的礼物也可以看出这个同事的性格。"X说，有的同事进去选了一本书，有的同事带走了价值上千元的葡萄酒，有人甚至拿走了X喜欢的收藏品。

再如，在对老员工的激发中，在X的公司超过10年的老员工可以配备专属荣誉工牌；公司的内训讲师，也可以配备专属颜色的彩带等。X还会经常用"你猜"的方式，加强对同事的了解和与同事的合作。X说，世界上有两个经典不衰的伟大游戏，一个是"你猜"，另一个是"剪刀石头布"。

X说："有些游戏的规则、激励、参与人、时间等设置得非常清晰，激发人不断去达成目标。而有些游戏的过程、结果、激励、时间，存在高度不确定性，所以刺激着人的好奇心，激发人想玩的心理。"这两种方式都被X运用于大大小小的游戏化管理中。

在第一章中，我们讲了使命、愿景、价值观，这是一家企业的地基,是立足之本,决定了企业在危急时刻,有没有人愿意和企业站在一起渡过难关。同时,从使命中拆解出愿景,再到确定企业的战略定位,帮助企业确定优势赛道和方向。

确定了战略定位即来到第二章,正式进行1~3年战略目标的制定。首先,利用增长飞轮和商业模式画布进行商业顶层设计,讲清楚企业靠什么持续吸引用户,靠什么赚钱。接着,制定三年战略的定性目标和定量目标,制定出增长目标和长期价值目标。然后,利用SWOT对三年战略目标的内外部环境进行分析,制定出六大年度战略目标——两个增长目标、长期目标、客户价值目标、内部运营目标、组织与人才目标。

年度战略目标确定后就来到了第三章,目标管理聚焦达成年度战略目标的实战篇。目标管理分为目标制定、过程管理、团队管理和结果管理四个环节,每个环节都有可能成为目标不能高质量、高效率达成的原因。但这归根结底都是"人"的问题,团队是否有高意愿、高自驱推动进展、改善流程、融入协作、持续学习迭代,你追我赶地冲刺目标。

如何让团队达到"你追我赶"的高自驱力状态?所以,有了本书的最后一个章节——人效激发层。本章将探讨如何让物质激励和精神激励发挥最大激发价值,同时,以游戏化思维替代传统的绩效管理,创意式地激发每个个体的内在动机,实现整体人效的最大化。

第十四关 人性
激发的起点

激励管理,就是人性管理。

找准需求与动机,是正确激励的前提,也是一个不断读懂人性的过程。在团队管理和目标管理中,需求包括两个方面,一是管理者对目标的需求与动机,二是员工愿意达成目标的需求与动机,如图 4-1 所示。

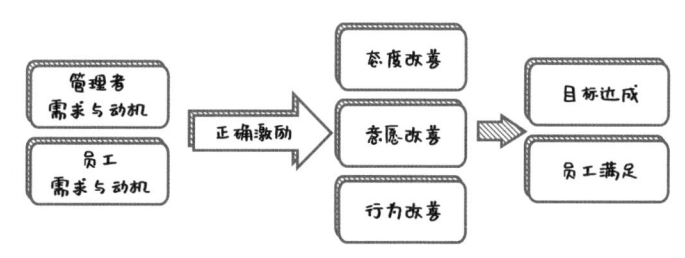

图 4-1 管理者和员工的需求与动机

管理者对目标要有清晰的认识,知道自己要什么?要达到什么标准?什么标准能满足团队目标高效达成的要求?激励一定是带着导向性的,激励哪些人、激励哪些行为?更重要的是,管理者要洞察到员工的需求与动机,知道员工需要什么?维持员工当下和未来持续努力的强烈动机是什么?员工想要什么,就激励什么。

明确了"双向需求",接着需要激励对口,找到正确的激励手段和方法。一个好目标,天然能够培养团队、激励团队,好目标是明确的、清晰的、合理的,上下级双方共同认可且公司匹配了合适的资源去完成目标。团队在执行目标的过程中可以获得价值感，价值感包括信任感、使命感、自豪感、荣誉感等，也能够获得与付出相匹配的物质回报和精神激励。

在一次次正确的刺激中，促使员工态度改善、意愿改善、行为改善，最终实现员工需求得到满足的目标。一个愿意激励的CEO，一定会有一批敢领兵打硬仗的将军和所向披靡的军队。

在实际的管理中，人性变化莫测，如何找准需求和动机并给予正确的激励是最难的。以下几个激励模型可以帮助管理者找到人性的切入口。

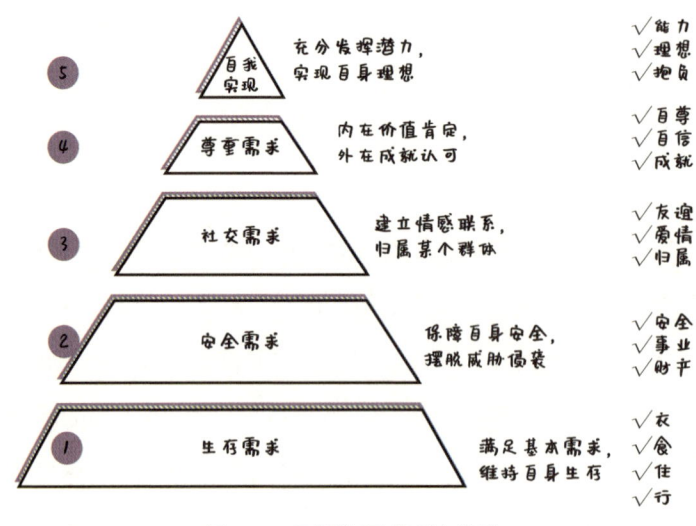

模型一：马斯洛需求理论模型

马斯洛需求理论模型如图 4-2 所示。

图 4-2　马斯洛需求理论模型

（一）第一层次——生存需求：肯定物质激励、用好物质激励

很多 CEO 不想谈物质，觉得谈物质梦想就变得不纯粹了，或者认为这个员工不值得长期陪伴。但生存需求一定是排在第一位的，如果处于这个层级的员工，生存需求都没有得到满足，和他谈梦想一定会被抵触。

物质激励的四个原则：

其一，对于还没有解决生存需求的员工，一定要物质保障先行，使命和愿景加持。对于已经满足生存和安全需求的高级人才，要使命和愿景先行，核心在尊重和自我实现，用物质进行加持。

其二，该给的必须给，能给的尽量给足、给到位。激发员工的善意，进而激发员工的动力和能力。

【案例14】让物质激励有价值

很多公司在招聘时都会习惯性地压低薪水，对方要15000元，公司就给12000元；对方加薪的要求是1000元，公司给500元。正是这3000元、500元的差距，损失了员工的信任基础。即使他进入了公司，也会觉得是公司亏欠他的，后面再采取物质激励的效果也会大打折扣。正确的给薪理念是：优秀的人才，给多少都值得。但当公司的给薪能力低于市场时，就要满足对方更高层次的需求。

曾有这样一句话：给员工涨50%的工资，员工愿意干，那是利益共同体；给员工降50%的工资，员工还愿意干，那是事业共同体；给

员工降50%的工资,另外还要员工投资500万元,员工也愿意干,那是命运共同体。最长久的激励,是命运共同体。CEO需要思考,公司靠什么能把优秀的人才发展为事业共同体和命运共同体。

其三,匹配好员工的预期。重要的不是公司给了多少,而是公司给的和员工想要的是否对等。

美国心理学家赫兹伯格提出过著名的激励模型——双因素理论模型,如图4-3所示。即一个人认为自己应得的,称为"保健因素",人不会因为得到了"保健因素"而满意,只会因为没得到而不满。如果一个人认为自己额外获得了某个奖励而喜出望外,这就称为"激励因素"。激励因素是意料之外的,没有得到没关系,得到了是加分,会备受激励。

图4-3 双因素理论模型

所以,要分清楚哪些激励措施,管理者认为是激励因素,但员工却认为是保健因素。如果把保健因素当作激励因素,则会激励无效或者适得其反。

【案例15】运用好保健因素和激励因素

Y公司的亚马逊明星运营,超额完成全年业绩,运营总监提出给他加薪10%,但他的预期是加薪20%,可想而知他的内心是不高兴的。如果该员工的激励预期只是加薪20%，你给他加了20%，并且告诉他由于他出色的工作能力，给他升职、送他去参加高潜人才培训。那他内心肯定充满了感激之情，这就是激励因素。

再举个例子，团队中某个普通员工生日，部门负责人在电梯遇到他时特地说了一声：生日快乐，好好干，公司很看好你！如果再送上一份小礼物，相信这位员工在整个职业生涯都将铭记这一刻，产生极大的奋斗动力，这就是激励因素。

所以，在保健因素上，尽量做到需求与激励对等；在激励因素上，多给予偶然的、不可预测的小惊喜。

其四，除了给好总量，物质激励的结构和时机也很重要。物质激励考虑要素如图4-4所示。

图4-4 物质激励考虑要素

（1）薪酬总额。

- 拿出多少钱来分？核心前提是思考如何把蛋糕做大，先做大蛋糕再多分蛋糕。每年年初要与公司高管提前约定好目标和蛋糕，与业绩挂钩。

- 怎么分？物质激励一定是建立在公司人才271地图之上的，能者多得。员工获得的薪酬总额要与他的贡献对等，给薪原则不能让奋斗者吃亏。例如，该员工的绩效在部门长期排名第一，那他的薪酬总量是否也排名第一？为何会存在差距？如何合理解决差距？

（2）薪酬结构。

什么部门适合固薪制？什么部门需要提成制？薪酬如何拆分发放，才能既有利于留住人才，又有利于企业的长期经营呢？

【案例16】全美国规模最大的综合性医院——梅奥医院、日本著名动画公司——宫崎骏的吉卜力公司都是固薪制，能有效地激励员工吗？

《梅奥的本质》一书中讲述了，聚集全美国顶尖医生资源的梅奥医院使用的是固薪制度，没有销售提成，也没有分红和奖金，每年有一定幅度的涨薪，但5年以上的员工工资基本固定。例如，预设年薪是50万美元，梅奥的薪酬设计大致是这样的：第一年拿预设年薪的60%，然后每年逐年等额递增，直至第五年达到目标年薪50万美元。一旦达到目标年薪，员工不论资历深浅，基本都能稳定持续在这个年薪。固薪制给梅奥带医院来的好处：医生不用考虑每个病例能带来多少收入，而把更多精力放在业务钻研上；医生也不会眷恋当科室主任等领导岗位，当科室主任的收入比当专科医生的收入仅高5%~10%；这种机制形成了医生与科室领导的合作，新老医生的合作，跨科室的合作。

同样，宫崎骏的吉卜力公司作为知识型、创意型企业也是采取固薪制的，它仍然吸引了大量出色人才加入。那为何大家还愿意留在梅奥医院和吉卜力公司呢？因为他们的平均薪酬高于同行业。所以，固薪不意味着低工资，而是找到一个更符合企业成长本质的激励制度。

跨境电商企业的绩效管理帮助运营/销售团队大大提升了效率，但是还有很多可能不需要采取绩效制度的部门，如财务、人力资源（HR）、数据研究、IT等。很多企业为了上一套激励制度，将原来简单纯粹的工作职责拆分出了很多考核维度，员工为了这些维度都能达标，不得不分散精力，但其实这些维度对整个员工绩效、组织绩效的改进并不大。

（3）物质激励的短期与长期。

重要的人，递延报酬的比例高，递延时间长，激励陪伴企业长期发展。

例如，基层员工和基层管理者的绩效工资和奖金一般是一个月核算一次。但中高层管理者更看重长周期的综合结果，考核季度性的绩效、将每季度的奖金拆分出20%在年底综合评估后按照一定系数发放。对于公司的核心高管，递延报酬的周期还会拉得更长些，与长期努力、长期业绩对应的报酬，要等到将来长期业绩显现出来之后，再进行分期发放，如期权、股权、利润分享等。

（二）第二层次——安全需求：如何让团队有安全感？

安全需求是指人需要稳定、安全、受到保护、有秩序、能免除经常性的恐惧和焦虑等的环境。例如，一些公司的法定福利，可以看作是满足员工安全需求的措施。但这是最基础的安全需求，还有很多深层次的安全需求,需要管理者洞察到员工的心理变化。

例如,在群策群力的时候,员工是不是不敢发言,害怕犯错;在做决策的时候,是不是优柔寡断;在需要站出来的时候,是不是缺乏自信,不敢担当?这些都是缺乏安全感的表现。一个情绪不稳定的管理者、公司机制随便改变、管理者言而无信……这些都会破坏员工的安全感。

这时管理者需要思考,建立哪些机制和制度,能够保障员工的安全感,让他在团队内是自信的、可以自由发挥和创新创造的?我们也可以通过一些非物质激励,满足员工的安全需求,如提供晋升、统筹好项目的机会、培训学习机会、轮岗机会等。

(三)第三层次——社交需求:如何让团队有归属感?

社会学将群落分成两种不同的人际关系:社交性和团结性。社交性人际关系衡量群落成员间真诚友善的程度,团结性人际关系衡量群落快速、有效追求共有目标的能力。这在团队管理上同样适用。下面请进行组织的社交程度和团结程度评估,并根据结果制定团队归属感提升方案,如表 4-1 和表 4-2 所示。

表 4-1　团队社交程度评估

团队社交程度评估	总分 70 分(1~5 分,1 分为最低分,5 分为最高分)
(1)团队成员想方设法地交朋友并保持紧密联系	
(2)团队成员相处融洽	
(3)团队成员在工作之外也常来往	
(4)团队成员真心实意地相互喜欢	

续表

团队社交程度评估	总分70分（1~5分，1分为最低分，5分为最高分）
（5）团队在离开我们组后，依然和本组成员保持联系	
（6）团队成员真心实意地相互欣赏，彼此有好感	
（7）团队成员在私事上也相互信任	

表4-2 团队团结程度评估

团队团结程度评估	分值（1~5分）
（1）团队理解和分享相同的业务目标	
（2）团队成员的工作高效、高产	
（3）本团队对不良绩效高度重视，并采取强有力的改善措施	
（4）团队有很强的好胜心	
（5）团队善于抓住能创造竞争优势的机会	
（6）团队分享共同的战略目标	
（7）团队知道谁是竞争对手	
结论： 提升方案：	

（四）第四层次——尊重需求：有效的零成本激励

自尊是个体由肯定的自我评价引起的自爱、自重、自信及期望受到他人、集体、社会尊重与爱护的心理。形成自尊感的要素有很多，有安全感、自我感、归属感等。自尊的需要，让人对自己的能力和价值有信心，从而更富有创造力。

尊重员工的人格，尊重他们的自尊心、自爱心，尊重他们的进取心、好胜心,尊重他们的独立性,尊重他们在缺点、弱点、错误中埋藏着的优点、长处和正确的闪光点。人人都需要尊重,人人都能从尊重中得到激励。懂尊重的管理者,能吸引更多优秀人才的加入。

但很多管理者做得并不好。很多管理者认为自己尊重下属、尊重他人,但实际行动并没有满足员工的尊重需求。下面简述几点,不妨自检。

(1)尊重每个岗位的人,特别是那些在背后岗位默默付出的人员更需要关注和尊重。

(2)你能叫得出团队中每个人的名字吗?

(3)地位越高,越不能狂傲自大。

(4)批评下属时要懂得给对方留点面子。

(5)尊重个性即保护创造性。

(6)尊重下属的个人爱好和兴趣。

(7)用请求、鼓励性、共创性的语气沟通工作,而不是下命令。

(8)不要进行人身攻击。

(9)不带个人感情色彩地表述你的感受。

(10)与员工交谈时,保持眼神专注,保持尊重的语调态度。

(11)尊重对方的梦想,即使在你看来不值一提。

(五)第五层——自我实现:帮助员工成就巅峰体验

自我实现是马斯洛需求理论模型中的最高一层。马斯洛认为,人在自我实现的创造性过程中,会产生一种"巅峰体验"——最激荡人心的时刻,是人存在的最高、最完美、最和谐的状态。管理者所需要做的就是帮助员工对天赋、潜力、使命、梦想等进行充分开拓、利用,帮助员工自我实现,并让他们看到应用之后取得的成绩和效果。如果一个有能力的人不肯高水平地完成工作,一定是这件事不足以满足他的"自我实现"。

五个层次的需求,可以分为外在激发和内在激发,如图4-5所示。薪资、奖金、荣誉等,是企业给予员工的外在激发。内在激发则指工作本身带给员工的激励,包括工作本身的趣味、让人有责任感、成就感等,使人产生一种发自内心的激励力量。

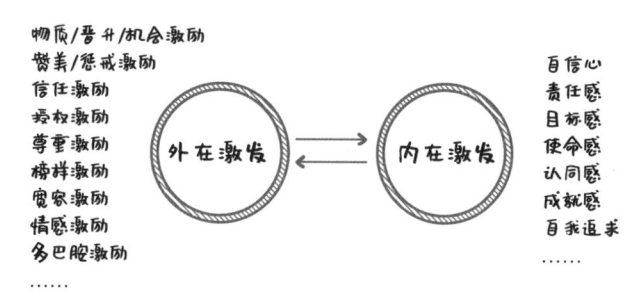

图 4-5 激发双轮

外在激发,一旦停止提供奖励,员工的动机可能降到比激励之前更低。相比之下,内在激励更稳定、更持久、更强烈。所以,企业在设计激励制度时,最好能将外在激发和内在激发搭配使用,激发员工的内在驱动力。

下面分享一些非常好的内在激发实操案例。

(1) 将团队中所有人员成长的里程碑、高光时刻在年终会上进行一一展示和讲解。团队成员非常自豪,其他团队成员也很羡慕。令人印象深刻的是,在自己团队和其他团队人员眼里能看到感动的泪光。

（2）团队每个季度都会举办一次小型颁奖会，激励本周期内的优秀人员。每次颁奖，特意邀请上级给团队颁奖、写评语、发红包。用向上管理来支持自己的向下管理。

（3）细心准备团队中每个人的生日和公司周年纪念日，当天一定给他们送上一束花和祝福语。

（4）在上级和客户面前，愿意把团队介绍出去：本次活动能取得这么好的效果，都是因为有某某，他做了哪些努力，如何达成了这么好的结果……管理者要有愿意成就下属的利他心。很多团队管理者会想"要是没有我手把手教他，他是不可能成功的""下属会不会把自己的功劳抢走"。有优秀的下属，才能证明管理者是一名成功的管理者、领导者。

（5）当观察到团队成员的状态不太好时，管理者"谎称"自己不知道怎么解决午餐，"很随意"地约他们一起吃饭。吃饭时聊聊工作和生活，看看能够为他们做点什么。

（6）下属做出了非常耀眼的成绩，仅仅表扬是不够的，还要把下属的光辉事迹写下来，偷偷"要求"上级详细了解，然后找个特别的日子，让上级在公开场合认真地表扬他。

【案例17】你真的读懂了团队的五个层次需求吗？

在团队管理中，五个层次需求一般会同时存在，只是每个阶段的表象和强烈度不同。马斯洛需求理论模型在团队管理中的应用案例如表 4-3 所示。请填写对应的需求类别及对应激励措施。

表 4-3　马斯洛需求理论模型在团队管理中的应用案例

案　　例	需求类别	激励措施
团队反映，你总是一言堂，不愿意听取别人的建议	尊重需求	群体决策时征询员工建议
团队和你反馈，团队间沟通困难，无法实现高效同频	爱与归属需求	建立团队间有效的沟通渠道和平台
员工给公司提出了很多建议，但公司总是反馈不及时或者无反馈		
遇到项目推进不顺利时，你总是会大发雷霆		
员工没有感受到工作的意义和价值		
新员工进来后，新技能还未得到培训就马上投入工作，结果受挫，新员工想要离职		
A、B、C 都是团队的优秀员工，但是他们感受到了不同的对待		
员工需要推动大型项目的跨团队协作，但是员工没有那么高层次的授权，其他部门不协作，员工感到很泄气		
直到团队的优秀员工提交了离职申请，你才知道他最近有那么多的不满		
团队懒散，没有人学习，一个爱学习的员工感觉很失望		
员工承接了目标，但是他并不了解工作职责和内容		
某团队经理这个季度的目标已经变过三次了		

续表

案　例	需求类别	激励措施
中层管理者觉得自己学无用武之地		
放下身段，与员工同甘共苦		
团队中有 100 人，你可以叫得出任何一个人的名字		
一般层次的授权		
你采纳了员工意见并且让他看到执行后的成果		
团队犯错了，公司追究下来，你作为高管为团队及员工承担责任		

模型二：期望理论激励模型

美国著名学者费罗姆提出期望理论激励模型，即激励力量＝期望值 × 目标效价，如图 4-6 所示。

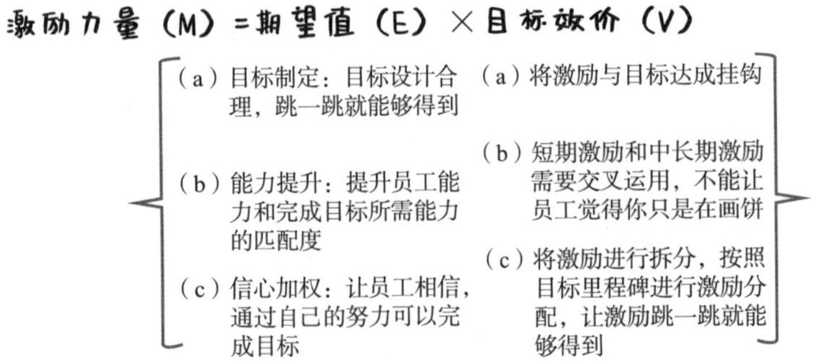

激励力量（M）＝期望值（E）× 目标效价（V）

- (a) 目标制定：目标设计合理，跳一跳就能够得到
- (b) 能力提升：提升员工能力和完成目标所需能力的匹配度
- (c) 信心加权：让员工相信，通过自己的努力可以完成目标

- (a) 将激励与目标达成挂钩
- (b) 短期激励和中长期激励需要交叉运用，不能让员工觉得你只是在画饼
- (c) 将激励进行拆分，按照目标里程碑进行激励分配，让激励跳一跳就能够得到

图 4-6　期望理论激励模型

期望值是指员工认为自己能达成目标的可能性，可能性越

大,员工的动机越强。目标效价是指达成目标之后,员工可以获得的激励。激励越能满足员工的需求,员工的动机也越强。所以,要想激励的力量发挥到最大,一要提升员工能力与完成目标的匹配度;二要让员工相信,通过自己的努力可以完成目标;三让员工相信,目标完成后,团队能给予符合其需求的激励。

【案例18】如何把大奖发出去?

一位企业总经理非常注重销售激励,TOP销售可以拿到头奖,奖励一辆法拉利汽车。但该激励政策出来多年,一辆法拉利汽车都没有发出去,因为大家觉得目标太难实现。

后来,总经理把激励匹配目标进行拆分,不是直接奖励法拉利汽车,而是把法拉利汽车拆成轮子、转向盘、发动机等零件。员工每完成一个目标,就可以获得相应的配件。如果轮子凑齐了,团队就会更加努力,把坐垫、转向盘也凑上。

这就是区别,法拉利汽车虽然很诱人,但是大家觉得触不可及,太难了,还没有挑战就放弃了。根据期望理论激励模型把目标和激励进行拆分后,法拉利汽车才真正具备激励的力量。

模型三:X-Y理论激励模型

美国心理学家道格拉斯·麦格雷戈在《企业中的人性方面》一书中提出X-Y理论激励模型,即"X型人"管控模型和"Y型人"激励模型,如图4-10所示。该模型还有X理论和Y理论两种理论。

X理论认为,大多数员工是懒惰的,不关注工作质量,不愿意承担挑战和责任。他们是被动的机器,工作时按部就班,需要借助外力才能产生动力,这就是中国文化说的"人性恶"。Y理论认为,大多数员工是聪明的、有潜力的,他们希望能够将事情做好,愿意承担挑战和责任。他们是有机的系统,自驱力强,这是我们所说的"人性善"。

企业严格把控招聘环节,希望有更多"Y型人"加入,所以奈飞和字节跳动都说要"招聘成年人"。但是职场中不可避免地会出现"X型人",他们把工作做到70分就好了,到点下班,也不愿意负责,缺乏创新、不会主动迭代工作……不管是物质激励还是精神激励似乎都不管用。遇到这类员工时,企业应该如何迎接各种人性恶的一面,只有"开除"这一种方式吗?

图4-7 X-Y理论激励模型

(一)X理论的策略

X理论的管理重点在于规范和控制,具体策略包括:

(1)制定详细的管理制度,对于员工做事的流程、规范进行严密的规定。

(2)在管理者的日常工作中,重点是监控员工做事是否符合规定,对于员工犯下的错误,需要进行说服、惩罚。

(3)既然人们不愿意工作,有效的正向激励只能是外部激发。

(4)对于员工强调纪律和服从。

(二)Y理论的策略

Y理论的管理重点不是规范和控制,而是激励和支持,具体策略包括:

(1)发现和鼓励员工的出色表现。

(2)为高质量的工作提供支持工具与环境。

(3)给予员工充分信任,如休假、福利发放、办公用具的自由领取等。

(4)给员工更大的自由度,鼓励大家选择适合自己的做事方式,鼓励成员之间沟通、合作和分享。

(5)充分授权,用人不疑,大胆任用年轻人。

第十四关 – 通关作业

1. 思考你公司或团队目前所进行的激励,分别符合马斯洛需求理论模型中的哪个层次?

   _____
   _____
   _____
   _____
   _____

2. 对你公司的社交程度和团队程度进行评估,并提出改进措施。

   _____
   _____
   _____
   _____
   _____

3. 填写表 4-3,并思考哪些问题是你公司当前存在的,如何改进激励措施?

   _____
   _____
   _____
   _____
   _____

4. 思考"Y 型人"和"X 型人"分别可能出现在哪些岗位,如何区别激发?

5. 思考你公司哪些部门需要提成制,哪些不需要?哪些需要进行 KPI 式的绩效管理,哪些不需要?

6. 分享你公司目前成功运用的激励模型和激励故事。

第十五关

激发
企业管理
游戏化设计

玩游戏，就是自愿尝试克服种种障碍完成目标。

上一关从人性角度出发，重新思考激励的有效性，但这并未变革传统的KPI考核方式。有没有一种更为有趣的管理方式，能让人自愿、沉浸式地攻克难关、完成目标，并通过立体式的人性激发措施提升整体人效呢？这里我们一起探讨游戏化管理的方式。

一、理解游戏化管理

（一）什么是游戏化管理

游戏，并非狭义上的打游戏、网络游戏。篮球比赛、象棋比赛是游戏，奥运会也是一场游戏。美国哲学家詹姆斯·卡斯在《有限与无限的游戏》一书中，给游戏赋予了更宏伟和深邃的想象空间：战争是一场有限游戏，通常以胜利者获得权力、地位、财富来结束；整个人类文化的传承是一场无限游戏，即使内斗外乱，文化却从未被终止。但不管是什么样的游戏，都能让参与者如痴如醉、欲罢不能——如何将这种游戏化思维运用于管理上呢？

游戏化管理，并非一个新鲜词汇，20多年前国外就比较盛行了，IBM、微软、奈飞等都在企业内进行过大大小小的游戏化管理。国内网龙、步科、腾讯等也都是实践者。游戏化管理是指将游戏应用于管理领域，运用游戏化思维、游戏化元素，将工作过程进行游戏化设计改造，让员工在完成目标的过程中产生打游戏的兴奋体验。游戏化管理模型如图4-8所示。

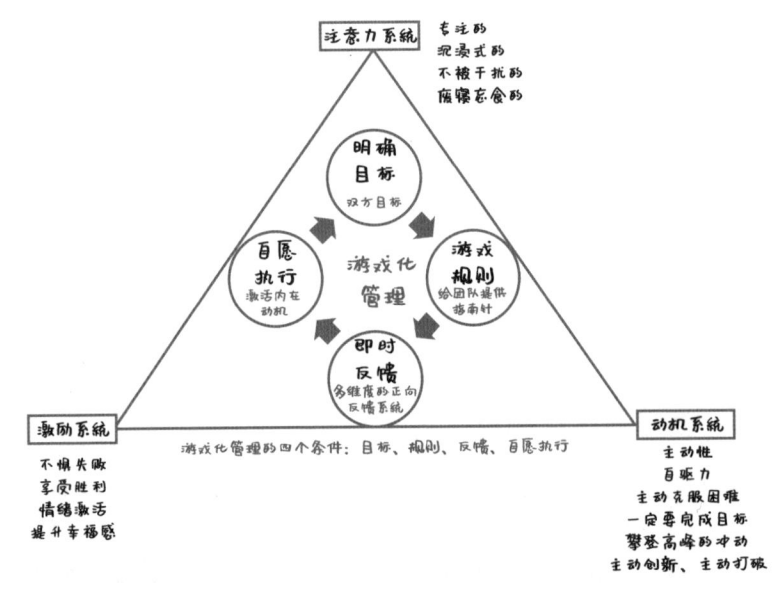

图4-8　游戏化管理模型

与传统的绩效管理"定目标—跟进与掌控—评估结果—进行奖赏与惩罚"流程不同，游戏化管理的流程是"共同明确目标—制定游戏规则—多维度即时反馈—激活内在动机自愿执行"。游戏化管理的过程会通过游戏化的流程、机制和场景化设置，激发与人性相关的、与快乐相关的所有神经和生物系统，让完成企业目标像玩游戏那样充满乐趣。

正如简·麦戈尼格尔在《游戏改变世界》中所说,游戏激励我们主动挑战障碍,积极乐观地做自己擅长并享受的事情,失败了可以重新再来,并由此体验到胜利的快感、自豪的幸福感。玩游戏就是自愿尝试克服种种障碍完成目标。

游戏化管理的设置条件和产生的效果与米哈里·契克森米哈赖提出的"心流理论"是一致的:当你全神贯注投入、沉浸在充满创造力或乐趣的活动中时,会体验到浑然忘我的一种状态。进入"心流"的六个关键要素如图 4-9 所示。

图 4-9 进入"心流"的六个关键要素

(二)掌握游戏化的八个核心吸引力,每个管理者都可以成为游戏设计师

游戏化专家 Yu-kai Chou 在十年的游戏研究中发现,任何人玩游戏都离不开八个核心吸引力,且每款畅销的游戏,都基本符合这八个核心吸引力中的某一项或多项。基于这八个核心吸引

力,形成了游戏行业中非常著名的游戏化八角模型,如图4-10所示。如果管理者能了解和熟练运用游戏化八角模型,那么每个管理者都可以创造出一款符合自己管理需要的游戏。

游戏化八角模型图分为上下左右四个板块,上面激发参与者的积极因素,下面刺激和利用参与者的消极因素;右边是对参与者的需求进行内在激发,左边则通过利益和荣誉不断进行外在激发。

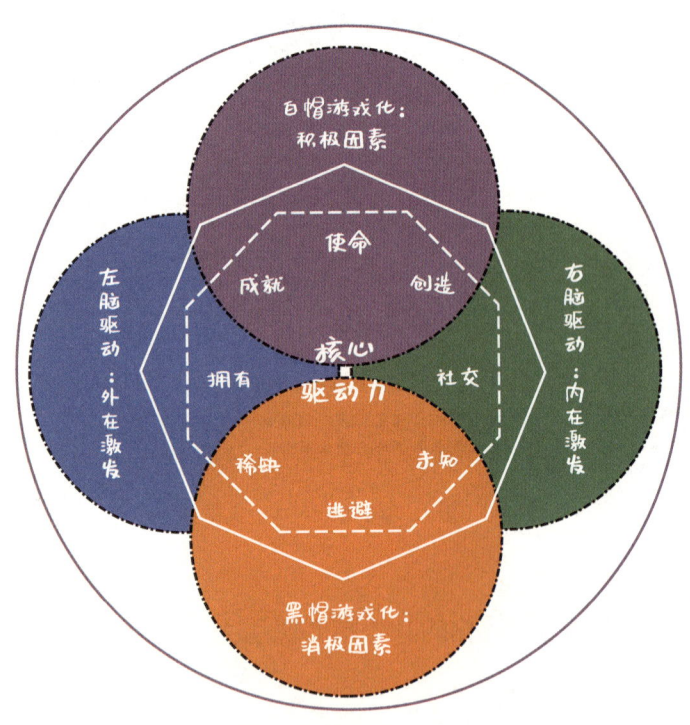

图4-10 游戏化八角模型

1. 史诗意义与使命

任何一个游戏都需要一个"使命",让每个人感受到做这件事的巨大意义。你可以为这个游戏创造一个故事,通过宏大的意义和价值来让员工成为这个故事中的英雄。这也就是为何企业的使命、愿景、文化如此重要。但这个故事一定是员工相信的、愿意为之而奋斗的,且当这个故事画上圆满句号的时候,员工能收获到内在和外在的巅峰享受。

2. 进步与成就感

人达成了一个有挑战性的目标就会获得成就感,如果战线拉得太长,人就会丧失信心。所以,根据上文提及的期望理论激励模型,将长周期目标、大目标拆解为一个个短期可达成的小目标,并且确保员工能够不断获得及时的正反馈。

在游戏化管理的设置中,利用 PBL 模型中的元素,可以设计出多种多样及时有效的反馈系统。PBL 模型中的三大元素应用如图 4-11 所示。

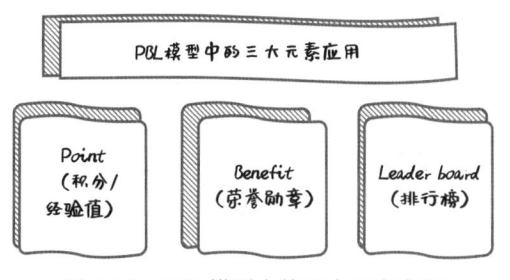

图 4-11 PBL 模型中的三大元素应用

1)Point(积分/经验值)

完成一个任务、计划、目标,都能够获得相应的积分或者经验值,将反馈变得及时和可视化。任务完成,积分会增加;任务失败或者触发某种惩罚机制,机会会减少;在员工互动平台上,还可以互相赠送积分；积分可以置换虚拟和真实的产品。

与获得积分相对应的是，可以将目标推进过程的里程碑或状态点进行可视化，如提供进度条。让用户在流程中每走一步都可以欢呼——完成了一个小目标，且能够知晓已完成了总体目标的比例。

2）Benefit（荣誉勋章）

荣誉勋章是某个重大里程碑完成之后给予的奖励，当积分累积到一定数量后也可以发放勋章。荣誉勋章的发放是华丽时刻，如果是虚拟荣誉勋章可以通过画面、音效、全员通知等进行发放，如果是线下荣誉勋章可以举行颁奖等活动，给予满满的仪式感。

3）Leader board（排行榜）

排行榜显示了在同一企业游戏下，参与人员的"地位"，如积分排行榜、勋章排行榜。

排行榜的设置要让参与者看到可前进的空间，如可以分区间、分板块、分场景设置排行榜。

3. 创意授权与反馈

游戏一旦无趣，人们就不想玩下去了，我们在设计企业游戏的时候，如何能让游戏一直有吸引力呢？我们可以给游戏参与者创意授权，让他们不受拘束地展示自己的创造力，让玩法多种多样。

设计一个伟大的企业游戏，要确保获胜的途径不止有一种选择，让玩家可以自主丰富玩法。这样游戏就可以无限延续下去，而不需要游戏设计师花费大量精力不断更新游戏内容。

4. 所有权与拥有感

这个元素的根源在于,我们想保护付出时间和努力获得的物品,不想失去。在游戏的设置中,参与者的积分一般从零开始积累,通过努力不断增加,积分越来越多,拥有的愉悦感也越来越强,并且不想失去。

在新员工入职时,如果我们授予他一个荣誉勋章,告诉他在一定时间内获得五个不同荣誉勋章,则可以解锁新进阶。那么员工在已有一个荣誉勋章的情况下会对整套荣誉勋章产生拥有感,从而不断努力去获得全部。

保护者任务:两人一小组,每个人都需要保护对方,导师制、mantor制都符合保护者任务。

5. 社交与关联性

社交需求,一方面,我们希望获得外界正向的指导、接纳、陪伴、回应;另一方面,比较、竞争、虚荣、嫉妒等是我们在社交中必不可少的情绪。这两方面情绪都可以运用到游戏中。

借用社交游戏化管理的有师徒关系、竞争行为、羡慕行为、团队任务、处理社交财富、伙伴互动等。

师徒关系:一种增强联系的好手段。它为上下级都提供了情感支持,对于徒弟来说,他能够快速掌握游戏规则;对于师傅来说,他获得了帮助他人以完成自我实现的快感。

小队任务:新品开发、大型项目等组成战队才可以完成的任务,在完成任务后给予一个巨大奖励。

吹牛按钮:为用户提供一键分享的功能,它可以促进用户完成满足感的升华。

论坛和社区：为你的产品提供一个可随意交流想法的空间，如抖音评论区、哔哩哔哩评论区。

6. 稀缺性与渴望感

人天生就渴望那些得不到的东西。所以，在游戏化的设置中给予一定的限制，不要直接满足参与者。玩家需要付出大量的时间和精力，才能获得相应成果。

例如，Facebook 刚开始推出时，只对哈佛大学的学生开放，后来慢慢扩展到少量名牌大学，最后才是所有学校。

7. 未知与好奇心

人们一直被未知的东西所吸引，所以人们喜欢冒险、对赌、竞赛、盲盒、彩蛋等。在游戏的设计中，也可以增加更多的不确定性、随机性来吸引用户的好奇心。

8. 损失与逃避心理

传统心理学将其概括为"损失厌恶"，我们会害怕失去已经投入的时间、精力、金钱或其他东西。经济学上的"沉没成本"也很好地体现了这种心理，人们不愿意承认自己已经获得的毫无用处，对"沉没成本"过分眷恋，继续原来的错误，造成更大的亏损。

除了游戏化八角模型，还有第九个核心吸引力——感觉。感觉带来体感上的愉悦，包括听觉、视觉、触觉、味觉、嗅觉等。所以我们会看到很多游戏界面做得越来越精致和华丽，从画面、音效、体感等多方面给参与者沉浸式的体验。我们在设计游戏的氛围仪式感时，通常会运用到这一元素。

将游戏化八角模型运用于企业管理中,可以得到游戏化八角模型应用于员工的激励模型,如图4-15所示。

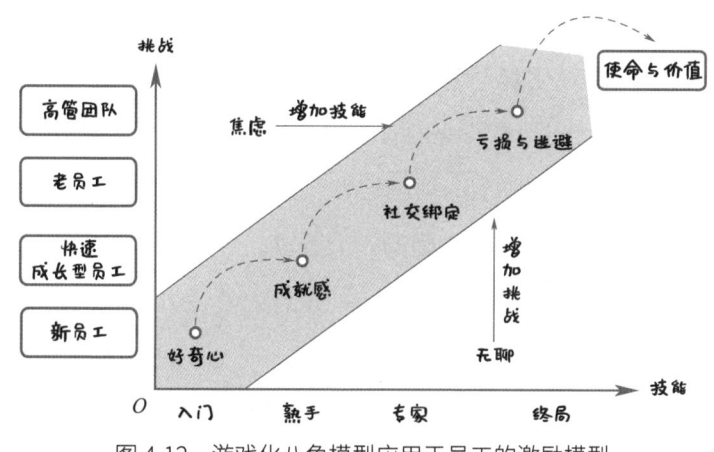

图4-12 游戏化八角模型应用于员工的激励模型

当新员工进入公司时,对一切都充满了未知和新奇感,这时他的技能水平较低,给予他的工作挑战不宜太大,需要帮助其快速成长起来。

快速成长型员工,经过了大半年的适应,在个人能力和团队适应性上已经大大提升。他们有迫切获得成就感的需求,管理者需要帮助他们拿下胜利果实,在团队中获得认可。

老员工在技能上已经成熟,对日常工作可能越来越趋于平淡。工作很无聊,就要增加难度,包括缩短时间、改变方式、增加规则;或者帮助他提升技能,让他主导更高的目标挑战。老员工已经在公司内建立了自己的熟人圈子和影响力,利用"社交绑定"元素,帮助老员工在公司内发光发热。

高管团队大多经历过大风大浪,对"赢"的渴求心是最强的,他们不愿意失去,希望开辟更大的商业领域。更重要的是,对高管团队的长期牵引,更多来自其对使命的认同。

(三) 游戏化管理变革的陷阱

从传统管理到游戏化的管理方式不是简单设置一个游戏就行,谨防掉入盲目进行游戏化管理改造的陷阱。

1. 游戏化管理只是激励的一个板块

激励形式是多种多样的,如果现有的管理方式和激励方式能解决,并且效果不错,就用现有方式;现有方式解决不了或者解决效果不太好的,可以通过游戏化管理的方式。例如,有些企业强行将每次的奖金兑换成积分在企业内进行排名,到月末、年底又直接把奖金发下来,积分没有发挥作用,这种转变就没有意义。

2. 游戏化管理的核心在于改变传统的考核思路

游戏化管理员工行为如下:通过游戏化的分等级,设置挑战和激励,将跳高目标转化为跳远目标;将没有达成目标就惩罚的思路,转变成达成一小步就激励一小步的即时激励系统;将原来企业内的竞争系统变成可以组队合作、老带新等的合作系统。

3. 打造游戏化管理的三个前提

第一,公司的游戏化设计一定要具备真正的游戏化思维,而不是套一个游戏的外衣;第二,做好游戏化管理,要形成游戏化的文化,营造自由、轻松、开放的环境。例如,把游戏化管理思路写进企业文化,有相应的规章制度,固化于制。第三,管理者需要多观察,在团队中熟练运用游戏化元素。

4. 运用 PBL 模型

有些企业将 PBL 模型运用得炉火纯青,并配备公司制度保障、信息化系统等。但在实际操作中,如果不分部门和板块,不分目标属性就全盘运用,很容易带来负面影响。

【案例 19】盛大公司的游戏化管理失败案例

1)盛大公司实施游戏化管理

2007 年,盛大公司开始实施游戏化管理,具体变革如下。

(1)初始经验值。新员工进入公司,根据其岗位,如法师、武士,确定其起始经验值、岗位经验值,以及经验值对应的等级。

(2)通过日常"练级"获取经验值。

常规经验值:日常工作达标即可获得,上一天班有一天经验值,类似游戏里的挂机。

项目经验值:完成某个任务后,获得这个任务所提供的经验值,类似游戏里的打怪。

扣除经验值:工作未达标、被领导问责等,审批后扣除经验值,类似游戏里输了掉分。

(3)结算周期。一季度一结算,当经验值达到一定标准时,员工薪资和级别就会自动升级,无须领导审批;薪资和福利也同步提升;有升就有降,被问责次数多,经验值扣得多,会被降级。

（4）晋升。双梯发展模式：专业岗位职级和管理岗位职级。专业岗位职级包括初级、中级……资深专家、首席专家，原则上没有名额或编制限制；管理岗位职级包括主管、副经理……总裁、首席执行官，管理岗位职级与组织架构相关，有编制限制。

2）盛大公司游戏化管理的弊端

通过游戏化管理，仅2009年，盛大公司总共设立近700个项目，这些项目不仅全部完成，而且相应地给员工发放了350万点项目经验值。全年下来，员工人均晋升1.62个职级，人均薪资上升了14%。其中，晋升最快的员工升了16个职级，对应薪资上涨超过一倍。但是，弊端也慢慢显现出来。

第一，低经验值的工作被忽视。项目发起者将部分或全部任务（连同相应的经验值）放在任务池里供全员挑选。大家在挑选任务时会首先考虑性价比高的任务，而只要被定为低经验值的工作无论多重要都注定被忽略。

第二，团队协作、分配积分不合理。多方竞争完成一项任务时，只有一方胜出获得全部经验值，其余各方均一无所获，怨声载道。多人组队协作完成一项任务时，经验值的分配方式由团队内部协商决定，存在不合理的地方。

第三，马太效应。管理者在任务池里投放任务，要让自己的任务能够被尽快完成，就需要开出更有吸引力的经验值"悬赏"。于是，经验值高的"富项目"，越来越容易被完成，同时也能获取更好的奖励。而经验值低的项目则无人接手，甚至自己团队都不愿意承担，导致任务拖期完成。

第四，不可量化的工作不好开展。过于量化的游戏化管理导致员工唯经验值是图，一些不可量化的工作无法正常开展，需要团队协作的工作也很难开展。游戏化管理把每件事情都积分化，这样员工做什么事情都会和公司讨价还价，没积分的事情就不愿意干。

3）解决办法

对于上述问题，盛大公司曾尝试给出解决办法：

（1）社会福利制。给予"穷人"补助，试图通过为"穷项目"提供较多的经验值，来帮助"穷项目"提高"悬赏"的能力。

（2）政策资源倾斜。与公司的战略方向更为契合的项目就会分到更多的经验值包。

（3）货币放水。简单粗暴地直接给各级领导发放经验值补贴，由领导自行决定如何发放这些补贴。

但上述措施并未真正解决盛大公司全盘游戏化管理的弊端，如积分系统走向混乱、通货膨胀、团队不合作、员工唯经验值是图，等等。

二、实操：五类企业游戏、六个针对不同管理场景的游戏设计

（一）五类企业游戏

按照游戏的不同目的，我们将企业游戏分为同频类游戏、关系类游戏、成长类游戏、激励类游戏、传承类游戏五类，如图4-13所示。

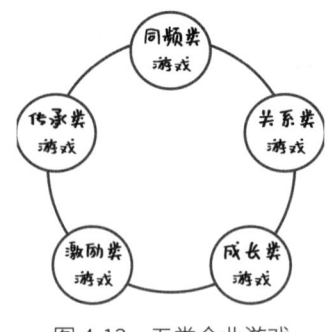

图 4-13　五类企业游戏

1. 同频类游戏

此类游戏主要针对战略、目标和价值观的同频来设计游戏。这类游戏的关键在于团队对战略意图和内涵、目标本质目的和意义、价值观内涵等达成共识。

（1）针对战略的同频，可以设计企业的经营沙盘游戏。

（2）针对目标的同频，可以设计类似你画我猜、传话等的游戏，将目标的关键信息在娱乐中找到分歧点，并落实到位。

（3）针对价值观的同频，可以设计角色扮演游戏，类似剧本杀等。挑选公司发展过程中的关键价值观决策场景，如客户的价值观案例、产品理念的价值观案例、人才冲突的价值观案例等，设计各种场景游戏，让团队成员扮演。这些场景必须是真实发生的，让团队深入理解价值观和决策逻辑。

同频类游戏的工具包括战略共创模型工具、战略解码模型工具、目标分解和管理工具、价值观考核工具等，要让企业的管理层针对性掌握这些工具，并运用至游戏的设计中。

2. 关系类游戏

关系类游戏主要用于加强员工深入了解、员工凝聚力建设、员工协作力建设等方面。企业可以建立关系类游戏库,将管理层和 HR 培养成游戏主持高手,在团建活动时,调用对应的游戏来完成目标。

(1)员工了解类游戏:破冰游戏、真心话大冒险、串名字游戏、开火车等。在游戏中加强新老成员的互动和了解,让新人感受到团队的温度。

(2)员工凝聚力游戏:信任背摔、共创情景故事、分组徒步、企业内部共同冲刺目标等。在游戏中设置一些挑战,这些挑战是需要团队组队,有足够信任才能够完成的。

(3)员工协作类游戏:同心圆、袋鼠跳、背夹球、激情节拍、驿站传书等。在游戏中,强调共识、协作、默契的重要性,可以模拟平时团队出现部门墙的情况,在大团队的集体协作中共同完成目标。

3. 成长类游戏

成长类游戏的宗旨在于围绕团队成长目标,建立一套游戏化的学习机制。管理者仍旧需要发挥游戏设计师的角色,给团队提供一个有趣的发挥平台,激发团队的活力和潜力。

下面分享一个案例,供大家探讨:我们的目的是让团队深入学习企业管理方面的知识。于是将每周一 5 点半到 7 点半固定为团队的分享时间,每人准备 15 分钟的管理计时分享。分享结束后,每个小伙伴给其他人打分,每个小伙伴可以打出的总分数为 50 分 ×(N-1),N 表示团队的分享人数。给出分数时,要说明给出高分或者低分的理由,便于分享者收到反馈并改进。以一个季度为计分周期,季度结束时,统计团队所有人的分享得分,得分最高者会收到团队其他小伙伴的惊喜礼物;得分最低者需要请团队所有人吃早餐。个人的分享总积分,也会纳入个人成长记录,作为荣誉,突破阶段目标后,也会有小惊喜。

4. 激励类游戏

激励类游戏有两个核心,一是通过积分化的方式打怪升级,兑换不同的荣誉、勋章和激励。例如,运营团队突破运营打法,提升人效时,可以获得人效大师勋章,并获得相应积分。集齐一定人效积分,就可以获得激励,如旅游、实现一个心愿等。二是除了将激励与物质回报挂钩,还将其与精神激励挂钩,激发精神愉悦感。例如,给予特定员工特殊颜色的工牌、特别的工服、特别的花名或称呼、点亮使命墙等。

5. 传承类游戏

传承类游戏的目的在于,向新成员趣味性地呈现公司的使命和文化,让认可的人归属,让不认可的人离开。

例如,将公司关键发展事件设计成填字游戏、谜语游戏或者拼图游戏;将公司的历史设计成类似连连跳或者通关的小程序游戏;将公司的明星员工设计成角色类小程序游戏,让新成员在扮演过程中理解明星员工的优秀之处……

一旦管理者具备了游戏化的理念,掌握了游戏设计的基本技巧,管理就会妙手生花。当企业有独特的游戏风格时,企业的文化之路就会处处鲜花绽放、生机勃勃。

（二）六个企业管理的游戏化场景设计

1. 场景一：超级战队 PK 赛——你追我赶冲刺目标，能者帮扶弱者，壮大金字塔塔尖和腰部的业绩人才

跨境电商卖家公司的运营副总监李明管理近 50 名运营人员。为了提高业绩、激发斗志，他开发了一套激励制度：每月对运营人员的销售业绩进行排名，并且为 TOP5 的员工设置丰厚的大奖。但执行一年后发现，获奖的永远都是那几位明星员工，处于业绩排名腰部和底部的员工并没有得到很好的激励，整体业绩也没有得到大幅度提升。对这种情况进行诊断后，给出优化思路——进行超级战队 PK 赛。

1) 规则制定者

由公司核心领导层组成战队委员会，战队委员会将制定一系列游戏规则。当游戏出现漏洞（bug）时，可向战队委员会申诉解决。

2) 组队规则

（1）按照公司原有的运营分类规则（按平台、市场、类目分类），5 人一小组重新组队。每个小组必须有一个激动人心的战队名称，并且共同制定当期冲刺目标——激发团队共同的使命感。

（2）每个战队必须包含一名业绩优秀且具有团队号召力的队长，队长可以自由招募成员，但是每个战队必须接纳一名以上绩效能力差的员工。如果团队有信心，愿意接纳更多绩效较差的员工，每增加一名绩效较差的员工，战队初始奖金增加

1000元。

注：由战队委员会制定担任队长的人选标准，以及绩效较差的员工标准。

（3）每个战队的队长，必须根据本战队成员的能力水平制订目标达成计划，帮助团队一起冲刺目标。

3）战队激励

（1）在期末结束后，以战队总成绩进行排名。业绩最高的战队，除了原有的提成，还能获得大奖，如团队分摊现金5000元。

（2）作为该队队长，额外获得1000元的"将军激励金"，激励其对整个团队的付出。

（3）从所有团队中选出表现突出的员工，给予"追光"——贴标签，如出击王者、最强助攻、友爱之光……

（4）由公司创始人团队给冠军战队颁发"战斗天团"奖，以及给标签员工颁奖，并共进午餐。

4）战队优化机制

（1）以一个季度为周期，排名最末位的三个战队默认解散，所有成员成为自由人，自由人必须加入新的战队。

（2）以一个季度为周期，各战队成员一致同意，有权"开除"某个绩效能力差、成长意愿差的队员，该队员必须寻找新的战队，否则会被公司淘汰。

注：新手运营的淘汰周期由战队委员会制定，应给予一定的成长周期。

（3）以一个季度为周期，各战队成员也可以自主选择退出原战队,加入新战队。

2. 场景二:新人梦想创造营——成长之旅帮助新人快速胜任,提升优秀人才的留存率

"蓝海无界"跨境电商公司快速扩张,招聘了大量新员工,但是新员工试用期的流失率很高。分析后发现,主要有以下几个原因:新员工在新环境中缺乏信任度和安全感;对公司文化未充分认识,融入度低;对新工作缺乏成就感等。

新员工一方面需要团队给予更多赋能,帮助其快速胜任工作;另一方面也需要很多及时反馈,建立成就感和自信度;此外,帮助其理解公司文化,真正成为企业中具备团队使命感、公司使命感的一员。这种情况进行诊断后,给出优化思路——打造新人梦想创造营。

1) 规则制定者

新员工进入企业后,由直属上级、导师、HR一起制订为期半年的新员工成长计划。

2) 由直属上级、导师、新员工,共同组成"助飞计划"成员

直属上级:负责制订新员工专业能力成长计划,帮助其快速胜任岗位。

导师:由公司老员工担任,导师特征包括了解公司文化、爱公司、性格开朗、人际关系好、乐于助人等,最好是本部门成员,也可以是跨部门合作比较多的同事。导师负责制订新员工的团

队融入计划。

3) 制定里程碑，帮助新员工尽快成长

(1) 团队融入计划：

导师需要帮助新员工，在一周时间内，认识超过30人，包括他们的岗位职责、与本人的工作关联度、后期合作的可能性及方向、对方的擅长点、兴趣爱好等。每天将认识的人在日报上进行分享，完成则获得相应的团队经验值。

在入职第7天，举办个人的首场破冰分享。新员工需要邀请至少10人到场听自己的分享，分享需要充分展示自己；并且对自己刚认识的30人，选取部分进行破冰互动。完成此项，则获得相应的团队经验值和破冰勋章。

(2) 专业能力成长计划，以运营人员为例：

规定时间内，个人独立完成上架、账号运营等。完成则获得相应的专业经验值。

规定时间内，出第10单、50单、100单、500单……完成则获得相应的专业经验值和新锐员工勋章。

(3) 认识公司，新员工之旅：

参加HR组织的企业文化等培训，在企业文化方面，也有很多游戏化的玩法设置。完成则获得相应的团队经验值及里程碑勋章。

4) 针对经验值和勋章获取，有清晰的"时间—任务—经验值—勋章"路径图给新员工

新员工每完成一项，则可点亮相应的经验值级别和勋章。

5) 完成所有旅程

入职第6个月，新员工完成所有旅程，由部门负责人给新员工颁发特别荣誉勋章。

3. 场景三：主本与副本——企业降成本、提人效的撒手锏

由于效益不佳，大龙科技需要裁减员工、裁减开支，但公司并不想影响员工的积极性，希望能够实现"三个人干五个人的活，拿四个人的薪资"的效果。对大龙科技进行深度了解后发现，大龙科技本身存在很多松散的岗位；一些员工的工作也不饱和；很多能力强的员工需要有更多的发挥空间，获得更大的物质和精神激励；团队也存在一定的部门墙。对这种情况进行诊断后，给出优化思路——主本与副本。

1) 主本

整个公司的目标达成、运营规则都是由主本任务控制的，也就是说每个部门、每个员工首要责任是完成自己的主本任务。主本任务完成，公司的目标即完成；主本任务完成，该员工才能获得相应的薪资、提成和奖金等。员工需要自己评估，完成主本任务后，才能"刷副本"。

2) 副本

公司存在很多相似的职能需求，以及在专业性不同的情况下也可以跨部门完成任务，管理者和HR需要将这部分任务找出来，形成一个副本任务。例如，公司想要进行创新性的项目研究、

bug 优化、高度重叠的岗位等，都可以成为副本任务在任务池内发布。其他员工在完成主本任务后，可以"刷副本"。完成相应的副本，则可获得相应的经验值和积分，并在全公司排名。

3）激励

以一个季度为周期，副本积分可以折合成额外的奖金发放，经验值可以置换成虚拟奖品，如由公司准备的三次丰盛早餐、免打卡两次、调休一天、申请某个专项技能培训金等。同时，每季度副本排名第一的选手，可以获得"王者"勋章，由 CEO 颁奖。

4）实操举例

举例一，大龙科技有八名 HR，其中一名为专职前台。在进行游戏化优化后，将前台的工作变为副本，由另外七名 HR 根据自己的主本完成情况刷前台工作的副本。这样就不需要设置专门的前台岗了，节省下来的薪资可以拿出一定额度作为奖金，激励其他七名刷副本的员工。

举例二，大龙科技希望成立一个五人虚拟的新产品项目组，进行新产品研发，为半年后的产品规划做准备。公司把该项目放在任务池内，在公司内招募五人：项目统筹人、市场研究人员、产品经理、用户研究人员、负责供应链的人员各一人。该副本明确了每个人的竞选机制，并设置好了相应的任务里程碑及丰厚的奖金。对于工作高效、主动性强、创新性强的员工，可以利用自己额外的时间完成该副本。

举例三，大龙科技自己开发了一套信息化系统，但该系统使用情况并不好，主创人员暂时也无法提出更多改进思路。于是，公司发布了一个"BUG GAME"的副本任务,全公司员工可以进入系统"找茬",提交自己发现的问题,所有问题将公开展示。项目负责人每周查看反馈建议并回复,并根据贡献度发放积分。

4.场景四:职级修炼通道——从青铜到王者,"打怪升级"开启大神之路

万晟科技是一家规模为15亿元的卖家,有1000多名员工,随着公司的快速发展,一些问题开始困扰CEO。例如,老员工缺乏斗志、思维较为固化、成长较慢、不愿意传授自己的专长;没有职级和晋升体系,很多员工开始迷茫,不知道自己的前进路径和努力方向;对公司发展极为重要的信息化能力、供应链能力等一直未实现质的突破……对这种情况进行诊断后,给出优化思路——职级修炼"打怪升级"。

(1)根据岗位要求,将公司员工分为运营类、产品类、技术类、职能类四类。

(2)每个员工进入公司都要进行18级段位修炼,包括倔强青铜、星光白银、荣耀黄金、至尊铂金、永恒钻石、最强王者,每级段位分为Ⅰ、Ⅱ、Ⅲ三个小级。

(3)员工进入公司后,公司评估其能力后给予其对应的等级,接着员工就开启了"升级打怪"之路。

① 升级申请:员工可以向公司提交晋级申请,每半年可申请一次。

②评审委员会：评审是否有资格晋级，评审一旦通过则进入答辩阶段，答辩通过才能晋级。

③练级通道：员工需要在新等级上至少待满一年，才能再次申请晋升，保证每名员工能够在每个级别上有足够多的历练，而不是急于升级。

针对不同岗位的技能需求开通"练级通道"，如针对运营人员，制定了"星光大道"，有内部系列课程培训、组队成长、师傅教练、外部同行交流、外部高阶课程等，帮助他们从新手一步步晋级为公司级大神、行业大神。每次晋级都有相应的积分、经验值和排名体系相配套，定期颁发虚拟和实体荣誉勋章。

（4）练级通道的课程来源：除了外部课程和机会开发，设置一套内部导师、内部教练开发和激励游戏化机制，让更多专业能力强的老员工站出来传授技能。

5. 场景五：最强法师名录——让优秀经验在企业内自由流转

锦绣前程跨境电商公司的高管很头疼，该公司有一批经验老到、深谙爆品打法的老员工。公司发展要招聘新员工，但是这批资深老员工都不愿意把自己的经验传授给新员工。一方面是觉得耗费时间，与其花时间整理自己的爆品打法思路，还不如多打造一个爆品提成来得快；另一方面也担心自己的经验被学去之后，自己失去竞争力。对这种情况进行诊断后，给出优化思路——

最强法师名录。

在公司圈内上线"最强法师名录"板块,鼓励公司各个板块的员工上传自己的优秀经验和案例,每个案例都有严格的格式要求帮助员工将自己的经验详细地呈现出来。系统会根据专家上传的案例数量、案例点赞数、评论数等,进行排名。名列前茅的员工会被视为该领域的专家,获得相应的奖金、公司资源、奖励、头衔等。这些奖励数据也会应用到年度荣誉的评选中。

6. 场景六:我的家园——无限游戏,让企业文化深入人心

月半湾公司 CEO 今年的目标之一就是加强企业文化建设,让新老员工具备更强的使命感、荣誉感和归属感,为公司留下一批真正志同道合的人才。与月半湾 HR 负责人交流后,给出了这样的企业文化游戏化建议——我的家园。

1) 我的家园之新员工篇

例如,新员工企业文化培训现场,将 5~7 人分为一组,20 分钟内在全公司寻找到代表公司不同成立阶段的物品,并且了解其背后的故事。

本组成员打卡相应的周年数字,拍照并提交至培训现场,派代表讲述代表物背后的故事。例如,找到某个八周年老员工勋章,听听他背后的故事;找到创始团队的第一张照片,并且了解其背后的故事;也可能找到某个优秀价值观员工的奖杯;等等。

而且,新员工培训的第一堂课,一定要由创始团队讲,聊企

的使命愿景、企业的初心,以及企业发展中那些艰难和激动人心的故事。

2) 我的家园之全员篇

公司的官网上有一面企业文化墙,构建出了使命、愿景、价值观的演变图,并且呈现出不同阶段点亮企业的使命之星、价值观之星。

企业文化墙上也会及时更新与企业文化相关的故事、案例、项目、活动等,这些都是以游戏化的方式呈现的,有一些是问答题,有些是场景演练,有些是与创始团队的互动,还有些是企业文化头脑风暴项目,公司全员都可以上去解锁打卡。有些是必打卡项目,有些是选打卡项目。

每次打卡完成都可以获得相应的积分,积分可以在企业商城兑换丰富的产品。每个人只要完成相应的打卡项目,系统会自动将其推到公司圈内,进行"吹牛鼓励"。

3) 我的家园之荣誉篇

(1)司龄勋章:老员工的荣誉感及自发的荣誉感宣传,是最好的企业文化宣传。设置一套工龄荣誉勋章,1年增量萌新、3年披荆斩棘、5年乘风破浪、10年风华正茂、15年风雨同舟、20年增量无限……

(2)价值观勋章:将价值观大奖作为年度最高荣誉奖项进行严格评选,并征集案例、讨论举证。获奖者不仅可以获得公司期权、出国旅游、大比例加薪等物质激励,还将成为当年的价值观标杆,在全公司内宣讲价值观事例。

第十五关 – 通关作业

1. 请用游戏化八角模型为你的企业设置几款管理类游戏,并思考背后的游戏逻辑是什么?

_____
_____
_____
_____
_____

2. 你认为盛大公司游戏化管理失败的根本原因是什么?

_____
_____
_____
_____
_____

3. 除上文提到的五类企业游戏、六个针对不同管理场景的游戏设计,你还知道哪些有趣的游戏化管理案例,请举例。

_____
_____
_____
_____
_____
_____

恭喜你，顺利通过本章的两关。

我们以文化之光，以游戏化的载体激发人性之善的力量，管理难度将大幅降低，形成强大的凝聚力。不管是面对强大的对手，还是面对巨大的困难，团队都可以用极大的精神力量勇猛破局，向上、向善、向远方。

> 读到这，你已经完成了本书的四个章节共15关，相信你的脑海中，正逐渐构建起企业的管理蓝图——关于企业的文化力、战略力、策略力和执行力。外部的竞争环境总是充满了不确定性，以文化牵引企业方向，以战略进行提前布局，以策略破解困境难题，加之如阿蒙森团队般日行30千米的执行力，日拱一卒，功不唐捐。